BIBLIOTECA DE DERECHO CONSTITUCIONAL

Domingo García Belaunde
**(Director)**

Carlos Antonio Agurto Gonzáles
Sonia Lidia Quequejana Mamani
María-Pía Guadalupe Díaz Díaz
Benigno Choque Cuenca
**(Coordinadores Generales)**

MAURICE HAURIOU
Profesor de la Universidad de Toulouse
(Francia)

# LA TEORÍA DE LA INSTITUCIÓN Y DE LA FUNDACIÓN

## ENSAYO DE VITALISMO SOCIAL

Edición al cuidado de
**Carlos Antonio Agurto Gonzáles**
**Sonia Lidia Quequejana Mamani**
**Benigno Choque Cuenca**

Ediciones Olejnik

Título: La Teoría de la Institución y de la Fundación
Ensayo de vitalismo social

© Maurice Hauriou

Traducción de Arturo Enrique Sampay

© Ediciones Olejnik
Huérfanos 611, Santiago - Chile
E-mail: contacto@edicionesolejnik.com
Web site: http://www.edicionesolejnik.com

Primera edición: 1968.

Primera edición en Ediciones Olejnik: 2020

ISBN: 978-956-392-863-1

Diseño de Carátula: Ena Zuñiga
Diagramación: Luis A. Sierra Cárdenas



Impreso en Argentina 2020 Printed in Argentina

# ÍNDICE

# PRÓLOGO

En Ladiville, comuna rural del departamento de Charente, suroeste de Francia, nació, el 17 de agosto de 1856, Maurice Hauriou. Las circunstancias de haber venido a la vida y crecido rodeado de campesinos, que dependen de las leyes de la naturaleza más que de las leyes de los hombres, y en la región gala del arte románico, arte cuya belleza atrae más por la regularidad con que las piedras encajan en formas equilibradas y vigorosas que por la fantasía de sus creadores, no lo predispondrían al idealismo filosófico, esto es, a concebir la esencia de los objetos exteriores como producto de la mente humana ordenando conceptualmente los fenómenos sensibles, sino al realismo metafísico, es decir, al rastreo de la verdad filosófica en el orden dado en la estructura intrínseca de las cosas.

Cursó los estudios primarios en Deviat, otra aldea rural de Charente donde su padre era notario; los secundarios en el Liceo de Angoulême, ciudad circundada de fortificaciones medioevales y muy próxima al lugar de su nacimiento, y los superiores en la Universidad de Burdeos, en cuya Facultad de Derecho obtuvo la licenciatura en 1876 y el grado de doctor en 1879.

Entre sus compañeros de estudios superiores se contaron León Michoud, Léon Duguit y Henri Berthélemy, que poco tiempo después de egresar de la Universidad devendrían, lo mismo que él, eminentes tratadistas de derecho público. Con las ideas de Michoud coincidió totalmente y ante su prematuro fallecimiento juzgó con exaltada admiración la obra del profesor de Grenoble; con Duguit, el célebre decano de la Facultad de

Derecho de Burdeos, no obstante conservar una inalterable amistad, disintió radicalmente, que es el modo de discrepar un adepto de la metafísica clásica con un positivista; con Berthélemy, que fue decano de la Facultad de Derecho de París, mantuvo una contienda efímera y sin atractivos en torno a la justificación del poder político, porque carecía de interés dialogar sobre una cuestión filosófica con quien pensaba que cualquier intento de comprender algo allende lo sensible importaba tanto como aspirar a conocer lo incognoscible.

Sus tesis y primeros ensayos versaron sobre derecho romano, disciplina en la que llegó a ser un cultor de primera categoría. El derecho romano, que es la idea aristotélica de justicia conmutativa concretada en los diversos tipos de cambios que cumplen los particulares entre sí, constituye la sustancia del derecho privado actual. Por esta razón Hauriou, en la primera etapa de su carrera de jurista, se destacó también por sus brillantes estudios de derecho civil.

El 1.º de enero de 1883 se incorporó en calidad de agregado a la Facultad de Derecho de la Universidad de Toulouse, encargándose de un curso de historia del derecho que desempeñó durante pocos años; pero como este aldeano nada cultivaba que no fuera cavando hondo, tal enseñanza le permitió adquirir vastos y sistematizados conocimientos de la evolución jurídica de la antigüedad clásica y del viejo derecho francés, saberes que afloran en sus posteriores investigaciones de derecho público como antecedentes de las instituciones actuales. Sobre asuntos de esta disciplina escribió solo un erudito trabajo acerca de la influencia de las Institutas de Gayo sobre la moderna clasificación del derecho; el cual, por su índole monográfica, no es apto para descubrir el alcance de sus lecciones de historia. Empero, enseguida de ingresar en la docencia, en 1884, dio a luz un meduloso opúsculo donde circunscribe el objeto de la historia del derecho y recoge de Leibniz la bipartición de esta disciplina entre *historia externa* e *historia interna* del derecho; pero mientras el filósofo de Hanover expresa con la primera denominación el conocimiento de los factores sociales condicionantes del derecho positivo y con la segunda el conocimiento de las continuidades y mudanzas de los ordenamientos jurídicos, el novel profesor tolosano designa, con la primera, a la historia de los órganos e instrumentos que crean, fijan y aplican los preceptos coercitivos de la conducta social y, con la otra, la aparición y desarrollo en la cultura moral de los pueblos de esos preceptos de conducta contenidos en el derecho positivo; estableciendo, además, que los temas asignados por Leibniz a la *historia externa del derecho* pertenecen a la moderna sociología, y puesto que la aprehensión de esos elementos extrajurídicos del derecho positivo es necesaria para la interpretación de este, propiciaba que tal disciplina integrara los planes de estudios de la Facultad de Derecho, siempre que con los actos sociales repetidos que ella verifica no se pretenda reemplazar la ética y la ciencia política. Sabida, pues, su propedéutica, inferimos la excelencia del magisterio de Hauriou respecto a la historia del derecho, porque únicamente si de entrada se acierta distinguiendo y demarcando regiones de la realidad, se puede examinar bien tal lote de la realidad que constituye el objeto de ciencia propuesto, pues entonces su estudio se reduce a concentrar el esfuerzo mental, sin peligros de desvíos y confusiones, sobre algo acotado en sus límites naturales.

Muy poco, por tanto, produjo Hauriou en el tramo inaugural de su actividad universitaria; fueron, en parte, años de preparación de los instrumentos de trabajo —aprendizaje de lenguas extranjeras, acopio de doctrinas, legislaciones y jurisprudencias—, pero, sobre todo, de intensos buceos intelectuales destinados a la busca de la realidad esencial, donde también hallar, como parte en el todo, la esencia del derecho. «Mi punto de partida —dirá en 1899— fue el estudio de un fenómeno muy especial y si he llegado a una suerte de sistema general del mundo, bien que ha sido sin haberlo premeditado».

Es que el impulso por conocer la esencia de una parcela de la realidad lleva a una indagación sobre la esencia de la realidad entera, dentro de la cual, según acabo de decirlo respecto del derecho, aquella parcela tiene una contextura ontológica y una consecuente disposición funcional. En efecto, la respuesta a *qué es algo* exige saber previamente *qué es lo que* es; o sea, explanando lo recién expuesto y concretándome al fenómeno jurídico : el saber en qué consiste el recto comportamiento en los cambios de bienes conduce a averiguar cuál es el recto comportamiento humano en general, y esto presupone saber, como que el obrar sigue a la naturaleza del sujeto obrante, qué es la persona humana, para entonces extraer de las tendencias intrínsecas de su ser las normas de su desarrollo o perfeccionamiento; pero para derivar estas reglas desde la estructura interna de algo que es, se requiere conocer los elementos metafísicamente constitutivos y las propiedades trascendentes de todo «es». De aquí que los filósofos, suministrándonos una concepción de la realidad nos dan, formal o virtualmente, como corolario de su idea del ser humano, una teoría del derecho, que viene incardinada en su sistema moral; y esto es así desde Aristóteles a Kant. Y por eso, asimismo, el jurista de buena ley, desde Cicerón a Hauriou, por averiguar qué es el derecho, para saber —legislador, juez o jurisconsulto— cómo hacerlo efectivo en la contingente realidad histórica, va a dar a la filosofía, como quien retrocede, en una maniobra de seguridad, para después avanzar con firmeza hacia su verdadero objetivo.

* * *

Situemos a Hauriou en su país y en su cenáculo local cuando madura la propia visión del mundo y del hombre.

Estamos en los años subsiguientes al 24 de marzo de 1888, fecha en que ascendió a la cátedra de derecho administrativo, no del todo a su gusto, porque debía limitarse a captar el sentido de un cierto sector del derecho dado por el Estado, lo cual configura una tarea subordinada a una minuciosa casuística legalmente preestablecida, extraña a los sondeos de las ultimidades de las cosas a que su vocación lo atraía; pero tampoco del todo a su disgusto, ya que, para satisfacción de su vuelo intelectual, al no encontrarse legislada esa rama del derecho positivo, debía ser sancionada —según decía en 1892 anotando el caso *Cadot* de la jurisprudencia del Consejo de Estado— por «la jurisdicción administrativa que es esencialmente pretoriana». Debido a esto, cabe subrayarlo, durante casi cuatro décadas colabora en tal obra fundante, no solo con las sucesivas y ampliamente rehechas ediciones de su *Précis de droit administratif,* sino también escoliando, mes tras mes, con humildad, moderación y criterio orgánico, la jurisprudencia del Consejo de Estado[1].

Ahora bien: para realizar la tarea que aquí me propongo, ubicar a Hauriou en el seno de su generación ya protagónica, debo antes determinar la filiación histórica de esta generación.

La catástrofe que supuso la derrota de Francia por la Alemania de Bismarck en 1871, achacada a su desnacionalización causada por la decadencia moral de su pueblo, obligó a la clase pensante a meditar sobre el destino de la colectividad patria, para lo cual se adentró en las entrañas históricas de esta. Enseguida de los sucesos, Renán, Taine y Foustel de Coulanges, máximas autoridades en el caso, proclamaron la urgencia de un resurgimiento de la moralidad nacional. La generación de la tras guerra adoptó con ardor ese designio y el propio Hauriou, en páginas autobiográficas de su promoción escritas a propósito de Michoud, nos relata cómo ellos, las adolescentes en «el año terrible», aprovecharon el relevamiento histórico-político que entonces se hizo de Francia, templaron en la desgracia el carácter y tomaron conciencia de la necesidad del trabajo, aportando a este trabajo una profundidad filosófica que no se conocía desde la Revolución y el Imperio, porque, «sin duda —añade con agudeza— el espíritu teórico está ligado a los sentimien-

---

1 Pascual Arrigui, *Hauriou: un commentateur des arrêts du Conseil d'Etat,* en *Le Conseil d'Etat, Liure Jubilaire publié pour commémorer* son *cent cinquantième anniversaire,* Recueil Sirey, París, 1952, p. 341-345; Lucien Sfez, *Essai sur la contribution du Doyen Hauriou au droit administratif français,* Librairie Générale de Droit et de Jurisprudence, R. Pichón et R. Durand-Augias, París, 1966.

tos profundos que las grandes conmociones sociales tienen el privilegio de remover».

De un fuerte sector de la generación de Hauriou, llamada del ochenta, brotó una fórmula creída salutífera y que de inmediato cobró predicamento no solo en Francia, sino también en muchos otros países, incluso en el pueblo judío a través del *sionismo* formulado por Theodor Herzl, residente en París en esa época. Dicha fórmula consiste en esto: poner en claro los factores coeficientes de la pretérita grandeza nacional y comprobado cuáles de esos elementos faltan en la disminuida vida social del presente, restaurarlos, porque las mismas causas originan iguales efectos.

Maurice Barrés, hombre del interior de Francia como Hauriou, de poco menos edad que este y que había cursado los primeros años de derecho en la provinciana Universidad de Nancy, proselitista, poeta y novelista de subidos quilates, fue el inspirado intérprete de su generación.

«Busqué —dice el protagonista de su novela *Un homme libre*— la ley de mi desarrollo»; «cuando los bárbaros deformaron nuestro espíritu no pudimos encontrar nada mejor que pensar en nuestro pasado»; «hice bien en averiguar dónde radicaba el instinto de mis antepasados: el individuo sigue la misma ley de su raza»; «empero, pertenezco a una raza incapaz de alcanzar su completo desarrollo»; «únicamente podré soñar»; «habré de desenvolverme en mi raza; las más valiosas partes de mi espíritu solo servirán para enriquecer a hombres más afortunados que yo».

En *Les déracinés,* Barrés novela las desventuras de unos jóvenes provincianos que abandonando sus lares, donde la conducta, las tumbas y el recuerdo de sus progenitores los ajustaban a la moral ancestral, se radican en París; aquí, «desarraigados», disueltos en la turbamulta, son presas de los vicios que infectan a las grandes urbes internacionalizadas. El gran desarraigador de estos jóvenes resultó ser el profesor de filosofía en el Liceo lugareño, un kantiano que les infundió una moral universalista, legislada por la razón de cada individuo. Uno de los jóvenes se salva porque cae bajo el magisterio de Taine. Barrés pone en boca de este joven, platicando con su Maestro, el siguiente concepto de la moral: «Unos de mis amigos... opone a Kant la afirmación de Pascal: *verdad más allá de los Pirineos, error más acá;* cosa, para nosotros, que vos habéis comprobado mil veces. Los hombres de siglo en siglo, como de país en país, conciben morales diversas que, según las épocas y los climas, son necesarias y por tanto justas. Ellas son verdades en tanto son necesarias». Este es el nacionalismo histórico de Barrés, que muy luego precisaría con estas palabras: «En medio de un océano y de un sombrío misterio que me estruja, me acojo a mi concepción histórica como náufrago a su barca; no alcanzo al enigma del comienzo de las cosas ni a este otro doloroso enigma del fin de todas ellas; me aferro a mi pasajera integridad; me coloco en una colectividad un poco más amplia que mi individuo e invento un destino un poco más razonable que mi mezquina vida».

Tal nacionalismo de Barrés, demasiado imbuido de conceptos y palabras de Maquiavelo —»amar más la patria que el alma»; «si queréis que la república viva largamente volved con frecuencia a los principios que le dieron grandeza y prestigio»; «desafortunado yo, doy a ti, a quien la fortuna te promete grandeza, aquello que en tantos años y con tanto sacrificio aprendí y profundicé»—, tal nacionalismo de Barrés, decía, desemboca en la siguiente política: estimar a la patria como el supremo bien en todos los órdenes y defender a la religión como ingrediente de la tradición nacional; restablecer las instituciones políticas del pasado; descentralizar las regiones del interior, para que la irradiación cosmopolizante de la urbe capital no desfigure al país. Más adelante señalaré en la medida que el pensamiento de Hauriou coincide con el de Barrés.

En Toulouse, Hauriou trabó amistad con Georges Dumesnil, Jean Jaurès y Frédéric Rauh, profesores de filosofía en la Facultad de Letras, y con Victor Delbós, también profesor de filosofía aunque en el Liceo local. Estos filósofos, que después obtendrían gravitación en la cultura francesa y Jaurès en la política mundial, se sentaban en los escaños de alumnos cuando Hauriou dictaba su curso de ciencia social, paralelo al de derecho administrativo; al concluir la clase continuaban la plática cotidiana en el «Café de la Paix», contiguo al palacio municipal, el Capitolio.

Hauriou ha confesado que con estos amigos pasó las horas decisivas para el desenvolvimiento de sus ideas. Hay que haber disfrutado de la calma de una ciudad provinciana en el lapso de la vida en que se busca la quietud especulativa que da la posesión de una filosofía para en su consecuencia obrar, hay que haber enriquecido su acervo intelectual con el abundante tiempo libre que brindan estos parajes donde la vida discurre con lentitud, hay que haber aprovechado de uno de los «symposia» que ahora han venido a resultar las tertulias intelectuales de los cafés, ordenando en el diario coloquio los conocimientos hacinados en la soledad del estudio, para entonces comprender la razón de Hauriou dejando continuamente constancia de cuánto le debía a «la forte education du café».

Alguien ha lamentado que estas conversaciones no hayan sido recogidos por un Eckermann, aludiendo a la publicación de los diálogos de este escritor con Goethe. Yo pienso, sin embargo, que para reconstruir el tema primordial y constante de tales reuniones, que es lo que nos interesa, resulta suficiente con un somero repaso de las obras que los contertulios dieron a la sazón.

Georges Dumesnil publica en 1892 su tesis titulada *Du rôle des concepts dans la vie intellectuelle et morale,* cuyo contenido de linaje platónico, expresado con brevedad extrema, es que el concepto manifiesta la idea de las cosas haciendo abstracción de las individuaciones que esas cosas presentan en la realidad visible; a la vez, estas ideas inmutables y eternas participan de las ideas que Dios tiene en su mente de todas las creaciones; y, por tanto, son ideas reales y no creaciones subjetivas las que informan las especies de las cosas y sus leyes internas de desarrollo.

La moral, entonces, tiene fundamento real y también son reales las instituciones creadas mediante la corporización de las ideas. Hauriou califica el libro de Dumesnil como una de las obras filosóficas más profundas de este tiempo y reconoce que la sección de su libro La *science sociale traditionnelle* dedicada al *fenómeno de la institución* está concebida con ideas tomadas de Dumesnil. Delbós le consagra a la tesis de Dumesnil, en la *Revue de Métaphysique,* un encomiástico estudio.

Frédéric Rauh edita en 1890 su *Essai sur le fondement métaphysique de la morale; en* 1891, en la *Revue d'Economie politique,* un análisis crítico de las ideas de Wundt; en 1892, en los Anales de la Facultad de Letras de Burdeos, un estudio sobre la filosofía de Pascal; y años después su ensayo La *conscience du devenir* donde le imputa a Bergson que su filosofía hace retrogradar el pensamiento humano hasta la fugitiva antimetafísica de Heráclito. Un común denominador caracteriza a estos trabajos de Rauh, a saber, aceptación de las esencias inmutables de las cosas, repulsa del positivismo porque desconoce que tanto los cuerpos sociales como las realizaciones prácticas están animadas por verdades esenciales, y adopción de la antropología filosófica que considera el obrar humano en contradicción entre el bien y el mal.

Delbós da a luz, en 1893, un libro sobre *Le problème moral dans la philosophie de Spinoza et dans l'histoire du spinozisme,* mostrando que para el filósofo holandés y sus seguidores la moral emana de la naturaleza de las cosas. Rauh, recordémoslo al pasar, había publicado en 1890, en Toulouse, su tesis que también trataba de la moral de Spinoza.

Jean Jaurès, que en 1891 había hecho conocer su tesis en latín presentada en la Escuela Normal Superior de París, *De primis socialismi germanici lineamentis apud Lutherum, Kant, Fichte,*

*Hegel,* tiene que haber despertado en la peña del «Café de la Paix» el interés por *El Capital* de Carlos Marx vertido al francés por el propio autor en 1873, porque están patentes los rastros de esta magna obra en la de Hauriou sobre filosofía social. En el admirable capítulo de su *Science sociale traditionnalle* dedicado a los cambios, acepta del filósofo prusiano que las cada vez más complejas conmutaciones de bienes y servicios y el cada vez más amplio proceso de capitalización modernos han socializado la vida; después, en otro lugar del mismo libro, comparte la idea de Marx de que el afán humano de mejorar las condiciones de vida perfeccionando los medios de producción es el factor básico del progreso de la humanidad; igualmente coincide con el autor de *El Capital* en que el ascenso de los pueblos a la igualdad social, o sea, a gozar de tiempo libre no obstante trabajar para satisfacer las necesidades materiales, generalizará una vida espiritual que hasta ahora ha sido patrimonio de las clases elevadas; y, por último, proclama la tesis esencial del fundador del socialismo científico, que las sociedades son organismos felices de existir y ambiciosos de dirigir y alcanzar su propio desenvolvimiento.

Hauriou publica en 1894 su primer ensayo de filosofía social, en el cual demuestra la crisis que atraviesan las ciencias de la conducta humana que, como lo sociología de Spencer, la criminología de Lombroso y la economía política ortodoxa, se asentaban sobre una moral que niega que el hombre conlleva en sí la contradicción del bien y el mal, o sobre la de Kant, que escinde a la moral del orden natural de las cosas; concluyendo que lo nuevo en el campo de estas ciencias es la recuperación de sus fundamentos metafísicos.

Por lo visto, los filosofantes del «Café de la Paix» convenían —dicho sea sin entrar en distingos pormenorizados que no interesan aquí— en que las esencias de las cosas tienen realidad objetiva o extramental y, además, que la moral no se identifica con la costumbre ni es una proyección subjetiva, sino que su fuente está en la naturaleza específica del ser humano.

Hauriou, entonces, aunque navega con Barrés en la corriente de ideas que propendía al renacimiento del tradicionalismo en política y aunque como él propugna la descentralización administrativa para conservar las fuentes de la energía moral de la nación, no transforma a las instituciones del pasado en paradigmas del futuro, sino que recurre al alma de las cosas valiosas de ese pasado, a la filosofía clásica, y se propone —lo advierte paladinamente— «organizar los antecedentes tradicionales relativos a la conducta en una síntesis que sea aceptable para las ciencias», porque, añade, las conclusiones optimistas de estas respecto a las condiciones de la vida humana, que el socialismo las ha transformado en su bandera, contrarían el individualismo pesimista de la tradición.

Se abrevó de la filosofía clásica en el realismo aristotélico expuesto por Santo Tomás de Aquino en la Suma Teológica, cantera inagotable a la que remite continuamente en sus trabajos de filosofía social y jurídica. Años después, en la segunda edición de su *Principes de Droit Public,* proclamará con gallarda sinceridad lo siguiente: «Debo dar testimonio, de una vez por todas, de que el tesoro de reflexiones sociales acumulado en las sumas teológicas me ha prestado los más señalados servicios. Tanto peor para quienes desdeñan utilizarlo. Por mi parte, confieso que no solo tomé de allí mis mejores inspiraciones, sino que extraje la fórmula necesaria para no cometer groseros errores».

Bien, al frisar el fin de siglo, Hauriou, ya en medio del camino de nuestra vida, ha sazonado su filosofía del mundo y del hombre, de la justicia y del derecho positivo. En 1896 publica *La science sociale traditionnelle,* verdadero tratado filosófico en el que expone las concepciones clásicas del hombre, de la sociedad, del Estado y de la historia. El libro constituyó un escándalo en los círculos intelectuales del positivismo, aún con influjo en la cultura francesa finisecular. «Ahora deseo —le escribía Hauriou a un amigo— presentar con cubierta jurídica la idea que primero he tentado hacer pasar bajo forma sociológica»[2]. Y efectivamente, en los años subsiguientes presenta su concepción jurídica: en 1898 su sesudo ensayo sobre *la personalidad como elemento de la realidad social;* en 1899, sus *lecciones sobre el movimiento social,* que si bien son un complemento a su obra básica de 1896, ahí publica como anexo un notabilísimo estudio sobre las *personas morales,* el cual, dicho sea al pasar, es la fuente de los conocidos trabajos de Michoud y de Mestre sobre el tema; por último, en el mismo año 1899, publica un conciso ensayo sobre *la filosofía jurídica,* escrito a raíz del libro de Boistel sobre la materia.

Quintaesenciando los trabajos citados y a veces también los principios filosóficos solo aludidos en ellos, ofreceré enseguida su sistema de ideas.

* * *

Las cosas sensibles participan de una misma especie porque las informa igual esencia. Por ejemplo, los hombres Sócrates, Napoleón, Sancho Panza, Tartufo, Pedro y Juan pertenecen a la especie «hombre» porque la esencia o idea de hombre se realiza en cuantos de carne y hueso existen. Antes de proseguir, en un paréntesis, precisaré el significado que aquí tiene el vocablo *idea,* equivalente a esencia, porque es el que utiliza Hauriou. El conjunto unitario de rasgos mediante el cual «se ve» en las cosas sensibles su pertenencia a una determinada especie de cosas, se llama *idea* y proviene del término griego *eidos,* cuya acepción etimológica significa, precisamente por eso, «se ve».

Ahora bien: el universo con su armónica realidad revela ser la obra de una inteligencia creadora y ordenante. Entonces, desde que las cosas fueron creadas así, las ideas de estas cosas participan analógicamente de las ideas ejemplares del Creador, puesto que para producirlas tuvo antes que concebirlas. De consiguiente, las definiciones o conceptos humanos, compuestos

---

[2] GEORGES RENARD, *La filosofia politica di Maurice Hauriou,* en *Studi di Diritto Pubblico in onore di Oreste Ranelletti,* Cedam, Padova, 1931, vol. II, p. 197.

por la inteligencia al abstraer discursivamente desde el seno de las cosas sus ideas, reproducen los conceptos objetivos de Dios.

Por último, las ideas que conforman las cosas devienen operantes porque están intrínsecamente dispuestas para realizarse y, por natural consecuencia, para perfeccionar esas cosas.

Sabido es que Kant, con su «revolución copernicana», consistente en invertir el descubrimiento de Platón completado por Aristóteles —el de la realidad de las ideas que conformantemente están en las cosas—, afirma que ese algo común, que unifica en una especie a múltiples individuos sensibles, no emerge de esas cosas mediante un trabajo discursivo de la inteligencia humana, sino que lo pone la propia inteligencia humana; y que entonces tampoco de la naturaleza humana emergen las leyes de perfeccionamiento moral, sino que a ellas también las constituye el entendimiento del hombre.

Aclarado lo susodicho, resulta lógico que Hauriou, que recimentaba la moral en la metafísica, esto es, en las esencias de las cosas, afirmara tempranamente la verdad de los *universales*, lo cual equivale a aseverar, como lo hará más adelante, que «las ideas son reales, a condición de que, conforme a la doctrina platónica, ellas sean reflejos de las ideas de Dios». Dejemos aclarado, en una digresión, que la posición de Hauriou respecto a la realidad de las ideas la tomó inicialmente de la tesis de Dumesnil; después la halló confirmada en Santo Tomás de Aquino; pero su profunda comprensión se la debió a su amigo Jacques Chevalier, filósofo que profesaba en Grenoble, quien, por su lado, al exponer brillantemente tal doctrina, reconoció la maestría con que cl decano de Toulouse la aplicó como sostén de su concepción del derecho[3].

Sentada la visión de la realidad esencial de las cosas, tenía ahora que fundamentar la moral, incluido el derecho, en

[3] Jacques Chevalier, *Le concept et l'idée*, en *Mélanges Maurice Hauriou*, Recueil Sirey, París, 1929, págs. 113-136; *L'idée et le réel*, B. Arthaud, Grenoble, 1932, págs. 45-46.

la idea de la persona humana. Hauriou adoptó, entonces, la definición de Boecio, transcripta por Santo Tomás de Aquino, que expresa: «es la sustancia individual de una naturaleza razonable»; pero que él la vertió con lenguaje más accesible a las mentes contemporáneas no familiarizadas con el léxito escolástico: «es un individuo dotado de una vida subjetiva razonable».

De su naturaleza de cuerpo vivo con facultad de razonamiento, la persona humana extrae las normas de su libre obrar para alcanzar su perfección integral —normas que constituyen la moral—; a estas normas, por tanto, las descubre su inteligencia y voluntariamente debe obedecerlas.

Empero, examinando la realidad sin preconceptos, «resulta evidente —expresa Hauriou— que el hombre está librado a la contradicción del bien y el mal o, si se quiere, que todo en él es ocasión de buena o mala conducta»; es decir, su conciencia le indica el camino del bien a seguir pero su voluntad no lo recorre fatalmente.

El hombre para lograr su suficiencia de vida precisa cambiar bien por bien con sus congéneres; pero para que esto acontezca debe hacerlo con igualdad; con igualdad absoluta o aritmética cuando se trata de relaciones entre particulares, y con igualdad proporcional o geométrica cuando se trata de los particulares dando a la comunidad cuanto les es posible y recibiendo de la comunidad cuanto ella les puede dar para satisfacer sus necesidades, porque siempre, concluye Hauriou, «el fin de la justicia es establecer la mayor igualdad posible en vista del bien».

Sin embargo, como existe la posibilidad de que la mala conducta de unos contra otros, desate hostilidades, cause la explotación de unos contra otros, se hace necesario que a normas de justicia, cada vez en mayor cantidad e intensidad conforme lo vayan permitiendo la moralidad de la gente y la producción social de bienes, se les añada obligatoriedad y, para el caso de no ser acatada, coercibilidad públicas; y esto constituye el orden del derecho positivo.

Ahora bien: las personas humanas, para satisfacer las necesidades conducentes a su bien —necesidades corporales, intelectuales y espirituales—, instituyen mancomuniones de esfuerzos con cierta duración, que tanto puede ser el Estado como una comunidad laboral, una sociedad comercial como una fundación de beneficencia, un servicio de asistencia social como una asociación religiosa, cultural o deportiva. Cada una de estas instituciones tiene una *idea de obra o de empresa* que realizar. El cuerpo de la institución, entonces, son seres humanos que se vinculan mediante una acción común estructurada en una «forma formante» dice Hauriou; forma o procedimiento del obrar conjunto que puede fijarse en un contrato bilateral o en la Constitución o en una ley del Estado o en el estatuto de una sociedad o en la simple aceptación de las costumbres y de los precedentes judiciales. El espíritu de la institución es la *idea de obra o de empresa* a ejecutar.

Esta concepción realista de las instituciones fundamenta un método insustituible para juzgar su correcto o incorrecto creación y funcionamiento, que, en puridad, es siempre correcto o incorrecto obrar de personas humanas. En efecto, ante todo, el concepto de bien humano es el criterio para legitimar o descalificar la *idea de obra o de empresa* de una institución, porque solo es legítima la concebida para satisfacer algún aspecto del bien humano, y después, siendo ella legítima, el concepto de bien humano contribuye, por la misma razón antedicha, a fijar adecuadamente el contenido de esa *idea de obra o de* empresa. Además, la *idea de obra* o *de empresa* de una institución, esto es, la finalidad específica para la cual personas humanas concordaron en actuar juntas durante un determinado tiempo, conforma el criterio para apreciar si sus componentes proceden institucionalmente bien o mal, si desvirtúan la autoridad que para ese objeto ejercen o si se desvían de la consecución de la *idea.*

Este método de interpretación, extraído de la ontología de la institución, es la cifra de la coherencia dinámica que ofrecen las obras jurídicas de Hauriou. Porque si bien las sucesivas reelaboraciones de estas, principalmente de su *Précis de droit administratif,* dan la impresión de que el autor, como bien lo destaca Jean Rivero[4], compuso no uno sino varios sistemas, lo cierto es que, mediante su método de conocimiento jurídico derivado de su filosofía del derecho positivo, buscaba permanentemente la naturaleza y el debido funcionamiento de las entidades analizadas, entidades que estaban en continua transformación, porque pertenecían a un tipo de Estado que, como él lo había previsto al principio de su docencia sobre la materia, con el avance de la democracia iba creando nuevos y más complejos relaciones y organismos administrativos.

Después que en la *Science sociale traditionnelle* expuso por primera vez su doctrina sobre el *fenómeno de la institución* y que en múltiples trabajos fue delineando la teoría jurídica del mismo fenómeno, especialmente en sus ensayos *L'institution et le droit statutaire,* aparecido en 1906, y *Una interpretación de los principios de derecho público,* publicado en la revista jurídica de Harvard en 1918, y en los densos capítulos dedicados a la cuestión en la sexta edición del *Précis de droit administratif* y en las primeras de los *Principes de droit public* y del *Précis de droit constitutionnelle,* en 1925, cuando bordeaba los setenta años de edad, como suma de su extraordinaria labor jurídica, publicó el ensayo que vertí al español años ha y que ahora, muy corregida esa traducción, se imprime de nuevo.

Pretender resumir la teoría de la institución de Hauriou, una síntesis medulosa expresada con una concisión que es toda ella resultado del esfuerzo por fijar significados unívocos a los términos, es correr el riesgo de dificultar su comprensión y, lo

---

4 JEAN RIVERO, *Hauriou et l'avenement de la notion de service public,* en *Études offertes a Achille Mestre,* Recueil Sirey, París, 1956, págs. 465-466.

peor, de dificultarlo inútilmente, porque el lector tiene entre manos el diáfano contexto de que se trata.

Tampoco en un prólogo cabe registrar la influencia ejercida por dicha teoría en el derecho administrativo, constitucional, fiscal, comercial, civil, procesal, laboral e internacional de nuestro tiempo, puesto que hacerlo llevaría no menos de un volumen. Baste con afirmar que estas pocas páginas del célebre decano de la Facultad de Derecho de Toulouse constituyen, en lo que va del siglo, la obra de mayor gravitación en la ciencia del derecho positivo. A tal grado que muchos utilizan sus principios sin haberlos recogido en la fuente, pues, o lo toman de autores cuyos libros que les han servido de modelo están informados por tales principios, o hacen de estos principios una «aplicación instintiva» que decía Hauriou, esto es, simplemente en virtud del sentido común, ya que se puede aseverar, asimilando lo expresado por Bergson sobre la metafísica de Aristóteles, que la «teoría de la institución» es la ciencia jurídica natural de la inteligencia humana.

* * *

En el presente estudio preliminar a la teoría de la institución de Hauriou, destinado principalmente, como se habrá visto, a reconstruir la génesis de tal teoría y a evidenciar su basamento metafísico, omito detenerme en la estimación de sus obras de derecho positivo, cuya magnitud exhibo al lector en la bibliografía que inserto enseguida de este prólogo y que con paciencia y amor elaboré, haciendo las compulsas debidas en nuestra Biblioteca Nacional, en la de Francia y en las de las Facultades de Derecho de Toulouse, Buenos Aires y Montevideo.

Empero, con atinencia a la filosofía política del maestro francés, quiero dar una sumaria noticia de lo que podría considerarse su testamento intelectual, ya que lo escribió dos años antes de su muerte y acaso haya sido la última elucubración orgánica de su potente talento. Me refiero a su estudio sobre *el orden social, la justicia y el derecho* que dio a la estampa en 1927.

Cuando se encara la historia de la civilización en largos períodos, nos dice Hauriou, se comprueba que el orden social y la justicia están predominantemente ora en conjunción, ora en oposición; en el primer caso estamos ante una época orgánica y en el segundo ante una de crisis social. El orden social es cambiante en el sentido de que existen varios tipos de organización, y una infinidad de formas de transición; en cambio la justicia, cuyo fin Hauriou coloca, según ya dije, en la obtención de «la mayor igualdad posible en vista del bien», es siempre la misma, solo que ella se combina en dosis variables con los diversos estados sociales. Ciertamente, el orden social establecido contiene siempre una dosis de justicia, pero también siempre, en mayor o menor medida, está en conflicto con nuevas dosis de justicia que pretenden ser incorporadas. De aquí que en todos los países civilizados, continúa el maestro tolosano, bajo etiquetas políticas variadas, hay, en realidad, dos partidos que toman sus posiciones defendiendo el orden social establecido o las reformas demandadas por la justicia. El partido conservador o reaccionario está formado por quienes se aprovechan con el régimen imperante y por quienes sienten, por sobre todas las cosas, apego al orden; el partido reformista o revolucionario lo está por quienes aman, por sobre todas las cosas, la justicia y por quienes se benefician con los cambio dirigidos a lograr una mayor justicia.

Las exigencias de la justicia son crecientes; por esto, lo que en una época fue objeto de los reclamos de la justicia, se transforma, en un momento posterior, en objeto de la defensa del orden establecido ante nuevos requerimientos de la justicia. Por ejemplo, prosigue Hauriou, el régimen de salarios para retribuir a los obreros, que antes fue reclamo de la justicia, ahora es objeto de la defensa del orden social imperante frente a las exigencias de copropiedad de las empresas que reclaman los que en ellas trabajan. Igualmente, concluye el decano de Toulouse, «hace tiempo que la democracia burguesa, nacida de la Revolución, no satisface más al pueblo, por lo menos a las capas populares no aburguesadas y sus reivindicaciones socialistas o comunistas suenan muy alto y siempre a nombre de la justicia».

Su exacta filosofía del progreso humano enunciada en *La Science Sociale Traditionnelle,* la comprensión del notable mejoramiento de las condiciones de vida acarreado por el progreso de las ciencias naturales, más el reconocimiento de la fuerza expansiva contenida en la idea clásica de justicia, dieron a Hauriou la clarividencia del sentido humanista de la revolución de nuestro tiempo y de que dicha revolución no se hacía contra los principios de la justicia, sino a su favor. Leamos, a este respecto, las siguientes palabras escritas al final de su vida: «Es menester penetrarse bien del valor de la tradición clásica sobre las cosas del espíritu; porque el progreso de la civilización, con las novedades que nos maravillan, se limita a las invenciones materiales y a las ciencias de los fenómenos físicos; no hay novedades espirituales; el espíritu humano ha reobrado sobre la materia, pero en cuanto a él y en cuanto a los principios de las relaciones sociales que de él dependen, nada esencial ha sido cambiado».

Tanta verdad hay en estas reflexiones de Hauriou, que la meta de la revolución de nuestro tiempo: establecer un régimen productivo mediante el cual la sociedad reciba de cada individuo su máximo aporte según sus capacidades y ella dé, a cada uno, cuanto precise según sus necesidades de participante de una alta civilización, no es sino, supuesto el rendimiento extraordinario del trabajo social causado por los adelantos de las ciencias aplicados a la técnica de la producción y por el desarrollo y utilización del total de las aptitudes humanas y de los recursos naturales, la plena realización de los principios enunciados por Aristóteles referentes a la justicia social contributiva y distributiva.

* * *

Dejamos a Hauriou respecto a su carrera universitaria en 1888, cuando se lo designó titular de la cátedra de derecho administrativo. El 1.º de noviembre de 1920 pasó a la de derecho constitucional, conservando hasta el final de sus días la docencia de esta disciplina que consideraba «cabeza de capítulo de todo el derecho público y privado» y por lo cual, conjeturo, la tomó a su cargo, porque nadie como él poseía la visión arquitectónica de la ciencia política y el acabado conocimiento del derecho positivo indispensables para enseñar lo relacionado con la matriz del universo jurídico de la sociedad.

El 1.º de noviembre de 1906 fue designado decano de la Facultad y reelegido ininterrumpidamente hasta el 31 de agosto de 1926. Después fue decano honorario vitalicio.

Creía que los jugos nutricios de la Francia ancestral manaban de las aldeas y ciudades provincianas, siendo, por tanto, un deber patriótico cuidar que no se secaran estos manantiales de la salud nacional al emigrar hacia las grandes urbes sus mejores miembros; y como su existencia fue una permanente identificación de pensamiento y conducta, pasó su vida entera en la comarca natal y sus aledaños. Nació, como sabemos, en Ladiville, una aldea del departamento de Charente poblada aun hoy por menos de doscientos habitantes; concurrió a la escuela elemental en otra villa del mismo departamento y al Liceo en una pequeña ciudad lindante con el valle de Charente; realizó sus estudios superiores en Burdeos, ciudad marítima de las inmediaciones de sus lares. A los veintinueve años de edad, al iniciar su carrera docente, se radicó definitivamente en la cercana ciudad de Toulouse; aquí casó, el 3 de septiembre de 1894, con María Andrieux, una joven nacida también en el departamento de Charente, en Porcheresse; aquí nacieron y se educaron sus seis hijos, Teresa, Andrés, Cecilia, Genoveva, Claudio y Julio; y, lo que es más notable, aquí realizó su extraordinaria labor de proyección universal, porque si bien esta residencia provinciana le dio mayor tiempo para los estudios, en cambio le multiplicó los esfuerzos, porque la vieja capital del Languedoc, luciente de belleza con los Pirineos al fondo y cargada de reminiscencias históricas, era, cuando Hauriou se avecindó en ella y aun mientras vivió, una pequeña ciudad, con una Universidad de escasos recursos y con bibliotecas que encerraban más infolios antiguos que modernas expresiones de la cultura, en una época de radicales innovaciones sociales y jurídicas. Los prólogos de las continuas ediciones de sus tratados, que son siempre profundas consideraciones sobre problemas que a la data apasionaban a los juristas, los firmaba en Nonac, otra pequeña comuna de Charente, donde pasaba sus vacaciones y aprovechaba para dar la última mano a sus libros.

Ilustres discípulos suyos y participantes de su estrecho círculo de amistades nos han descrito la persona del maestro[5]. La majestad de la talla, la noble conformación de la cabeza, la dignidad del andar, el tono calmo de la voz y los gestos plenos de señorío, trasuntaban equilibrio, responsabilidad, previsión y seguridad en la guía y protección de los demás.

Sentía horror por los pensamientos, escritos y conversaciones banales, y en los concursos sociales, cuando nada importante podía escuchar o expresar, callaba con el proverbial mutismo de los campesinos de Charente.

Como a todo hombre llamado a cumplir magnas empresas de bien común, Dios le había dado el don de la pobreza, en el sentido de librarlo de la preocupación de enriquecerse; en efecto, siendo el más afamado especialista de derecho administrativo y el mejor conocedor de los precedentes judiciales del Consejo de Estado, su actividad de jurisconsulto se redujo a formular gratuitamente una docena de dictámenes.

Tenía la cultura enciclopédica de un humanista del Renacimiento, y sus ansias de estar al corriente de la producción inte-

---

[5] Achilles Mestre, *Maurice Hauriou, en Annuaire de l'Institut international de Droit Public,* 1929, Les presses universitaires de France, París, págs. 269-278; Achille Mestre, *Centenaire Maurice Hauriou, Allocution,* en *Annales de la P acuité de Droit de Toulouse,* t. v, fasc. 1, 1957, págs. 6-10; *Discursos de* Joseph Barthélémy y Édouard Privat, en *Cérémonie de l'inauguration du monument élevé par souscription a Maurice Hauriou,* Recueil Sirey, París, 1931, págs. 32-37.

lectual lo convirtieron en lector asiduo no solo de las principales revistas filosóficas y jurídicas, sino también literarias, teológicas, históricas y científicas.

Su gabinete de trabajo de la calle de la Dalbade, en Toulouse, de donde salió el cúmulo de sus obras, estaba presidido por el busto de su esposa, modelado por sus propias manos, porque Hauriou era escultor, y esta afición artística le sugirió, se me ocurre, la hermosa imagen con que simboliza el incesante esfuerzo de la humanidad por incorporar la justicia en el orden social. Bien merece dejarla transcripta: «Las relaciones del orden social con el ideal de la justicia se parecen mucho a las que existen entre el boceto de una estatua y el ideal de la belleza plástica; hay ya belleza en el boceto, así haya sido hecho al primer golpe, pero los retoques del artista son necesarios para infundirle aún más belleza; igualmente, hay ya justicia en el orden social más tosco, pero los retoques incesantes deben siempre incorporarle más justicia».

Era hombre de fe cristiana. Fe, *fides*, según Cicerón, proviene de la frase «*fiat*» (sea hecho) *quod dictum est* (lo que se ha dicho). Era, por consiguiente, un hombre que hacía y esperaba lo dicho por Cristo: luchando sin ambages y temores por incorporar la justicia al orden temporal sería saciado de justicia en la vida eterna. Apréciese la sencilla grandeza con que manifiesta esa fe al despedir los restos mortales de un profesor de la Universidad: «Habéis sido entre nosotros una gran figura que esperamos ver de nuevo, y esto no es una palabra; creemos firmemente que os reencontraremos en un mundo que será mejor que este del derecho, porque será el de la justicia».

Estaba programado para el 8 de junio de 1929, en ocasión del séptimo centenario de la Universidad de Toulouse, su solemne retiro del magisterio universitario y el homenaje que seguidores de su doctrina y eximios científicos del derecho le testimoniarían. Pero el 12 de marzo de ese año falleció, ejerciendo la docencia y con la pluma sobre las cuartillas de un nuevo libro que preparaba y que llamaría *Introduction à l'étude du droit.*

Se me perdonará una última digresión a que me invita el título de esta obra que desgraciadamente quedó interminada. Hauriou designa sus grandes libros «compendio» (précis), «compendio elemental» (précis *élémentaire*), «principios», «introducción», o sea, queriendo denotar la provisoriedad o simple iniciación en el estudio del tema, porque, movido por su amor a la verdad, reelaboraba continuamente sus libros, como antes dije, precisando y ahondando sus conclusiones; nunca deseó expresar, en el título de una obra, que el asunto había sido acabadamente *tratado*. Es la apreciación que de sus trabajos formula el sabio genuino, que, a fuer de serlo, gana consciencia de todo cuanto ignora, de su «docta ignorancia».

El 22 de abril de 1931 se erigió en Toulouse el monumento a su memoria costeado por suscripción pública. Y en 1956, en el centenario de su nacimiento, Francia, madre tan agradecida con los hijos que labran su grandeza —¡ay! virtud solo practicable por las naciones realmente independientes—, por intermedio de su representante legal, el presidente de la República, que peregrinó con ese propósito hasta la vieja «Tolosa» de los romanos, rindió honores al jurista que mayor celebridad le conquistó en el mundo, después de Montesquieu.

Buenos Aires, 6 de febrero de 1968.

Arturo Enrique Sampay

# LA TEORÍA DE LA INSTITUCIÓN Y DE LA FUNDACIÓN. ENSAYO DE VITALISMO SOCIAL

Las instituciones representan en el derecho, como en la historia, la categoría de la duración, de la continuidad y de lo real; la operación de su fundación constituye el fundamento jurídico de la sociedad y del Estado.

La teoría jurídica de la institución, que estrecha ceñidamente la realidad histórica, se ha organizado lentamente: no encontró su verdadera posición sino cuando el terreno fue despejado por la querella del contrato social, y por la de lo objetivo y lo subjetivo.

La querella del contrato social y de la institución está ya juzgada. Rousseau imaginó que las instituciones sociales existentes estaban viciadas por haber sido fundadas sobre la fuerza pura, y que era menester renovarlas mediante el contrato social, instrumento de un libre consentimiento. Había confundido la fuerza con el poder. Las instituciones son fundadas gracias al poder, pero este deja lugar a una forma del consentimiento; si la presión que ejerce no llega a la violencia, el asentimiento dado por el sujeto es jurídicamente válido: *coactus volui, sed volui.* Hoy todo el mundo está de acuerdo en afirmar que el vínculo social, siendo natural y necesario, no podría ser analizado sino como un *coactus volui.*

La institución salió, por lo tanto, triunfante de esta primera prueba, pero le aguardaba otra: la querella de lo objetivo y lo subjetivo. El primer debate sirvió para precisar el grado de consentimiento que subsiste en las instituciones; el segundo habría de servir para determinar el grado de objetividad, es decir, de existencia propia, que hay en ellas.

Tanto como nos sería inútil volver sobre la querella del contrato social, nos resultará útil, por el contrario, exponer la de lo objetivo, que no está completamente exhausta y a la que la teoría de la institución, que se perfeccionó durante el debate, puede aportar quizá una solución. Esta exposición nos servirá de introducción.

Algunas definiciones previas son necesarias.

Los juristas entienden por derecho subjetivo todo lo que, en el derecho, se mantiene por la voluntad consciente de sujetos determinados, como, por ejemplo, las situaciones contractuales y las disposiciones testamentarias llamadas de última voluntad; por el contrario, entienden por derecho objetivo todo lo que, en el derecho, se mantiene sin la ayuda de la voluntad consciente de los sujetos determinados y que, de esa manera, parece mantenerse por sí mismo, como, por ejemplo, una regla del derecho consuetudinario.

Si se va hasta el fondo de las cosas, las situaciones jurídicas que parecen mantenerse por sí solas están, en realidad, ligadas a ideas que persisten de una manera subconsciente en los espíritus de un número indeterminado de individuos. Las ideas subconscientes son las que viven dentro de los límites de nuestra memoria sin que, en la actualidad, sean para nosotros voluntades conscientes; son ideas que hemos percibido, o que hemos imaginado, y que luego perdimos de vista; sin embargo, viven dentro de nosotros e influyen incluso, aun cuando no lo sepamos, en nuestros juicios y en nuestros actos, de la misma manera que puede actuar el ambiente de las cosas familiares. Son objetos que habitan en nosotros.

Así, lo subjetivo se mantiene por nuestras voluntades conscientes, y lo objetivo por nuestras ideas subconscientes. Dicho esto, abordemos la exposición de la querella del derecho subjetivo y del derecho objetivo.

Desde siempre, e instintivamente, los juristas habían admitido, en el sistema jurídico, la coexistencia de elementos subjetivos y elementos objetivos: la personalidad jurídica, los derechos subjetivos, los actos jurídicos, constituían el primer grupo; el orden público y lo que se denomina «la reglamentación», es decir, el conjunto de leyes, reglamentos y costumbres, constituían el segundo.

Este dualismo, correspondiente al de la voluntad consciente y la idea subconsciente, constituía una sabia transacción.

A mediados del siglo XIX, este compromiso fue denunciado por la organización de un sistema ultra-subjetivista que, cincuenta años más tarde, provocó la formación de un sistema ultra-objetivista, con lo que quedó entablada la querella.

El sistema subjetivista se construyó sobre la base de la personalidad jurídica, anexando a las personas individuales las personas morales corporativas y, también, la más notable de todas ellas: la persona Estado. Se tuvo la pretensión de convertir esas personas y sus voluntades subjetivas, en el sostén de todas las situaciones jurídicas durables y, aun, de las normas de las reglas del Derecho. Algunos autores alemanes como Gerber, Laband, Jellinek, para hacer entrar por fuerza la «reglamentación» dentro del sistema del derecho subjetivo, imaginaron que las reglas del derecho debían considerarse como voluntades subjetivas de la persona Estado.

En lo que concierne a las reglas legales, la concepción no era nueva: Rousseau había definido ya a la ley como expresión de la voluntad general, la cual, en su pensamiento, pareciera identificarse con la voluntad de la persona Estado. Pero esta concepción había permanecido en el dominio de la filosofía política y fue una imprudencia de los juristas transportarla, generalizándola, al dominio del derecho. Si las leyes y los reglamentos elaborados por órganos del Estado pudieran, en rigor, considerarse como voluntades conscientes de este, o, por lo menos, como voluntades del legislador o del gobernante, sería imposible, por el contrario, relacionar con la voluntad del Estado las reglas consuetudinarias, que no son la obra de ningún órgano estatal, y muchas de las cuales son anteriores a la época del Estado moderno. Es verdad que a mediados del siglo XIX la edad de la costumbre podía parecer terminada : en Francia, había sido abolida como fuente de derecho por el Código Civil; en Alemania, parecía condenada; pero todo fue una ilusión, pues en la misma Alemania debía realizar un retorno de pujantes caracteres luego de la redacción del nuevo Código Civil y, en todos los países anglosajones, bajo el nombre de *common law,* la costumbre general permaneció extremadamente viva. La tentativa de acaparamiento de toda la reglamentación por el Derecho subjetivo estaba, por lo tanto, llamada a fracasar.

Existía otro escollo. El Estado no existió siempre, pues es una formación política de fin de civilización; las sociedades humanas han vivido mucho más tiempo bajo el régimen de los clanes, de las tribus o de los señoríos feudales que bajo el régimen del Estado. Durante esas formaciones primarias, o bien el derecho era consuetudinario, o bien emanaba del poder del jefe; en ningún caso constituía la expresión de la voluntad de personas morales, que no existían. ¿Será necesario, entonces, decir que el derecho del clan, o el derecho tribal, o el derecho señorial, no eran verdadero derecho, o, más simplemente, que antes del advenimiento del Estado la regla de derecho no existía bajo ninguna forma?

Es hasta el advenimiento de la personalidad moral del Estado que la regla de derecho no pudo existir, porque debía ser una voluntad subjetiva de aquélla. Según esto, entonces, los Estados pasan generalmente por un largo período de formación política antes de que aparezca su personalidad jurídica; durante ese largo período, el derecho del Estado como tal no puede existir. Esta consecuencia no hizo desistir a Jellinek, que declaró: «el nacimiento, la vida y la muerte de los Estados, no evidencian sino historia», es decir, todo lo que no sea manifestación de voluntad de la persona moral Estado, no evidencia Derecho alguno.

La ofensiva dirigida contra la reglamentación debía volverse contra el sistema subjetivista, tanto más cuanto que este escondía más de una falla. Pretendía asegurar la continuidad de las situaciones jurídicas mediante su sostén por las personas jurídicas, pero no poseía una buena teoría de la personalidad. Hacía un esfuerzo por eludir la doctrina de la ficción, en lo referente a las personas corporativas, pero, otorgando a toda personalidad el *sustratum* del poder de voluntad (*Willensmacht*), no explicaba de manera convincente, en primer lugar, la continuidad, puesto que el poder de voluntad puede ser entendido como discontinuo, y en segundo lugar, caía en la trampa de una objeción insalvable: no podía justificar la personalidad reconocida al *infans* y al loco, que no tienen voluntad razonable.

Se presentaba así una ocasión favorable para la crítica, y era inevitable que la reacción consistiera en una revancha de lo objetivo. Por una especie de lógica de las cosas, el nuevo sistema fue a afirmarse en esa misma «reglamentación» tan infortunadamente anexada al derecho subjetivo. Este fue el sistema de la regla del derecho objetivo de Léon Duguit.

La tesis nueva fue tan absoluta como aquella a la que se oponía. Fue todo lo objetivo dirigido contra todo lo subjetivo. La regla de derecho, considerada como cosa existente en sí, se convirtió en el soporte de toda existencia jurídica, en lugar de la persona jurídica, negada y rechazada como un concepto sin valor, no solamente en lo que concierne a las instituciones corporativas, sino también en lo que se refiere a los individuos. No existió ya un centro subjetivo de derechos subjetivos, y toda la virtud jurídica fue concentrada en la regla de derecho y los actos de los hombres no pudieron producir efecto de derecho sino por su conformidad a la regla. Además, la aplicación de la regla de derecho no produce, en principio, sino situaciones jurídicas objetivas, salvo que ella misma admita la intervención de actos individuales que, con su permiso, engendren breves situaciones subjetivas; la masa de las situaciones objetivas, por su número y por su duración, sobrepasa mucho en importancia la de las situaciones subjetivas y de los derechos subjetivos que nacen de ellas.

Este sistema de derecho objetivo no había surgido solo, sino que había seguido la marea propicia del sistema sociológico de Durkheim que, también, había colocado lo objetivo por encima de todo, al elevar el medio social por encima de las conciencias individuales. El parentesco es evidente: no siendo la regla de derecho sino un producto del medio social, una regla aceptada como obligatoria por la «masa de las conciencias», resultaba que la masa de las conciencias asumía la dirección del derecho, en lugar de la conciencia individual.

El sistema, por otra parte, resulta inaceptable, porque excede su finalidad. No se limita a hacer de la regla de derecho un elemento de continuidad para las instituciones sociales, sino que pretende convertirla en su elemento formador. Ahora bien: si es verdad que las reglas del derecho son, para las instituciones, un elemento de conservación y de duración, no podría concluirse de ello que sean el agente de su creación. En esto reside todo el problema: se trata de saber dónde se encuentra, en la sociedad, el poder creador; si son las reglas de derecho las que crean las instituciones, o si son más bien las instituciones las que engendran las reglas de derecho, gracias al poder de gobierno que contienen. Es en esta cuestión de la iniciativa y de la creación que fracasa el sistema de la regla de derecho objetivo: admitir la creación de las instituciones sociales por la regla del derecho sería admitir su creación por el medio social, quien resulta considerado como creador de la regla de derecho misma. Esta es una contra-verdad demasiado evidente; el medio social no tiene más que una fuerza de inercia que se traduce por un poder de intensificación de las iniciativas individuales cuando las adopta, o, por el contrario, de inhibición y de reacción cuando las reprueba, pero no tiene por sí mismo ninguna iniciativa ni ningún poder de creación; es imposible que surja de él una regla de derecho creadora, la cual, por hipótesis, sería anterior a lo que se tratara de crear.

Agreguemos, además, que si el medio social estuviera dotado de un poder creador, la regla de derecho sería un deplorable instrumento de creación, porque el principio que existe en ella es un principio de limitación. Las reglas de derecho son límites transaccionales impuestos a las pretensiones de los poderes individuales y de los poderes de las instituciones: son reglamentos que se anticipan a los conflictos. Las definiciones revolucionarias hacen aparecer nítidamente este carácter: «el ejercicio de los derechos naturales de cada hombre no tiene más límites que los que aseguran a los otros miembros de la sociedad el goce de los mismos derechos, límites que no pueden ser determinados sino por la ley» (Declaración de los derechos, art. 4). De ese modo, la función del legislador es la de un *agrimentor* que coloca lindes entre los campos de actividades: las leyes orgánicas de las libertades individuales, la ley sobre la prensa, la ley sobre las asociaciones, las leyes sobre la libertad de enseñanza, todas las leyes civiles sobre la libertad de los contratos o sobre el libre uso de la propiedad individual, aun en aquellas, entre sus disposiciones, que parecen constructivas, no son en realidad sino lindes y límites. De allí la máxima tradicional del orden individualista de que «todo lo que no está prohibido por la ley es permitido», o mejor, de que «todo lo que no está prohibido por la ley, y que es obra de voluntad individual, es jurídicamente válido» (Declaración de los derechos, arts. 4 y 5).

Tendremos ocasión, más adelante, de volver sobre estas ideas fundamentales; por ahora, hemos dicho bastante. Pueden advertirse fácilmente las peligrosas contra-verdades que contiene el sistema de la regla del derecho: sería, ya, casi necesario asentar el principio inverso a aquel sobre el cual ha reposado siempre el orden individualista, y decir: «todo lo que no está permitido por la regla de derecho, o todo lo que no es conforme a una regla de derecho preexistente es jurídicamente ineficaz». Aparte del carácter netamente anti-individualista de un principio semejante, conviene subrayar su infecundidad: todas las creaciones nuevas de la práctica social quedarían fuera del derecho por un número indeterminado de años, porque no siendo conformes a una existente regla de derecho, y no estando tampoco en conformidad con una regla de derecho nueva —la que no surgirá hasta tanto el medio social se haya alterado—, estarían condenadas a permanecer bamboleantes entre dos asientos.

Es evidente el error fundamental de toda esta construcción : consiste en tomar la reacción por la acción y la duración por la creación; los elementos subjetivos son los que constituyen las fuerzas creadores y, por lo tanto, la acción; los elementos objetivos, la regla de derecho, el medio social, el orden público, no son sino elementos de reacción, de duración y continuidad; atribuir a los unos la función de los otros, equivale a invertir la casa.

Es necesario dejar juntos de lado al sistema totalmente subjetivo y al totalmente objetivo, porque han tomado el uno la acción por la duración, y el otro la duración por la acción. Además, por una coincidencia bastante divertida, ambos se han visto compelidos a relegar en la historia elementos importantes que no supieron cómo hacer entrar en su construcción jurídica. El sistema subjetivista ha declarado que el nacimiento de los Estados no pertenece sino a la historia, lo que equivale a excluir del Derecho la operación de su fundación; el sistema objetivista, por su parte, está compelido a admitir que la formación de las reglas del Derecho no pertenece sino a la historia, porque la regla no tiene nada de jurídica hasta ser aceptada como obligatoria por la masa de las conciencias, lo cual requiere tiempo.

En ambos casos, la operación de fundación es dejada de lado, tanto en lo referente a la fundación de los Estados como a la fundación de las reglas de derecho; de este modo se excluyen del derecho los fundamentos del Derecho porque, por una parte, como lo hemos ya observado, los fundamentos no son sino fundaciones continuadas y, por la otra, es fácil admitir que el fundamento del Estado, y el de la regla de Derecho son fundamentos del Derecho.

En virtud de la lógica que rige los movimientos de las ideas, era natural que la teoría de la institución y de la fundación, que históricamente sucedió a los sistemas subjetivista y objetivista, se afirmara en la materia de la fundación de las instituciones, que los dos sistemas antagónicos habían sacrificado por igual; su objeto esencial era demostrar que la fundación de las instituciones presenta un carácter jurídico y que desde este punto de vista los fundamentos de la duración jurídica son también jurídicos. Por otra parte, ella aprovechó de la querella entre lo objetivo y lo subjetivo: admite el dualismo de estos estados porque ve, en esa oposición, no tanto elementos aislados cuanto estados diferentes por los que pueden pasar, según los momentos, tanto una institución corporativa como una regla de derecho.

* * *

Las grandes líneas de esta nueva teoría son las siguientes: una institución es una idea de obra o de empresa que se realiza y dura jurídicamente en un medio social; para la realización de esta idea, se organiza un poder que le procura los órganos necesarios; por otra parte, entre los miembros del grupo social interesado en la realización de la idea, se producen manifestaciones de comunión dirigidas por órganos del poder y reglamentadas por procedimientos.

Existen dos tipos de instituciones: las que se personifican y las que no se personifican. En las primeras, que integran la categoría de las instituciones-personas o de los cuerpos constituidos (Estados, asociaciones, sindicatos, etc.), el poder organizado y las manifestaciones de comunión de los miembros del grupo se interiorizan en el marco de la idea de la obra: después de haber sido el objeto de la institución corporativa, la idea deviene el sujeto de la persona moral que se desarrolla en el cuerpo constituido.

En las instituciones de la segunda categoría, que pueden denominarse instituciones-cosas, el elemento del poder organizado y el de las manifestaciones de comunión de los miembros del grupo, no están interiorizados en el marco de la idea de la obra, y aunque existen en el medio social, permanecen exteriores a la idea. La regla del derecho, socialmente establecida, es una institución de este segundo tipo: es institución porque, en tanto que es idea, se propaga y vive en el medio social, pero ella no engendra, visiblemente, una corporación que le sea propia: vive en el cuerpo social —en el Estado, por ejemplo— tomando de este su poder de sanción y aprovechando de las manifestaciones de comunión que se producen en él, pero no puede engendrar una corporación porque no es un principio de acción o de empresa, sino por el contrario, un principio de limitación.

Las instituciones nacen, viven y mueren jurídicamente; nacen por operaciones de fundación que les suministran su fundamento jurídico al continuarse; viven una vida a la vez objetiva y subjetiva, gracias a operaciones jurídicas de gobierno y de administración repetidas y, además, ligadas por procedimientos; por fin, ellas mueren por operaciones jurídicas de disolución o de abrogación. De este modo, las instituciones representan jurídicamente la duración, y su urdimbre sólida se cruza con la trama más floja de las relaciones jurídicas pasajeras.

Nosotros estudiaremos solamente las instituciones-personas o instituciones corporativas; analizaremos sus elementos y observaremos su vida. Podría hacerse el mismo estudio para las instituciones-cosas, particularmente para las reglas de derecho. Nos faltaría espacio para esta segunda exposición, por lo que nos limitaremos a señalar, en el camino, las diferencias esenciales que las separan de las instituciones corporativas.

## I

Los elementos de toda institución corporativa son, como sabemos, tres: 1.º la idea de la obra a realizar en un grupo social; 2.º el poder organizado puesto al servicio de esta idea para su realización; 3.º las manifestaciones de comunión que se producen en el grupo social respecto de la idea y de su realización. Recordemos además que, para nuestras instituciones, se produce un fenómeno de incorporación, es decir, de interiorización del elemento poder organizado y del elemento manifestaciones de comunión de los miembros del grupo, dentro del marco de la idea a realizar y que esta incorporación conduce a la personificación. Y ella conduce a esto tan cómodamente que, en realidad, el *corpus* mismo que resulta de la incorporación es ya un cuerpo muy espiritualizado: el grupo de los miembros está absorbido allí en la idea de la obra, los órganos están absorbidos en un poder de realización, y las manifestaciones de comunión resultan manifestaciones psíquicas.

Bajo este aspecto, todos esos elementos son más espirituales que materiales, y este cuerpo es de naturaleza psico-física.

I.— El elemento más importante de toda institución corporativa es el de la *idea de la obra a realizar* en una agrupación social o en beneficio de esa agrupación. Todo cuerpo constituido lo es para la realización de una obra o de una empresa. Una sociedad anónima es la puesta en marcha de un negocio, es decir, de una empresa de lucro; un hospital es un establecimiento constituido para la realización de una idea caritativa; un Estado es un cuerpo constituido para la realización de un cierto número de ideas, las más accesibles de entre las cuales se agrupan en la fórmula siguiente: «protectorado de una sociedad civil nacional, por un poder público con jurisdicción territorial, pero separado de la propiedad de las tierras, dejando así un gran margen de libertad para los sujetos».

No se debe confundir la idea de la obra a realizar, que merece el nombre de «idea directriz de la empresa», con la noción del fin, ni con la de la función. La idea del Estado, por ejemplo, es cosa muy distinta del fin del Estado o de la función del Estado.

Una primera diferencia entre el fin de una empresa y la idea directriz de la misma reside en que el fin puede ser considerado como exterior a la empresa, mientras que la idea directriz es interior a ella. Una segunda diferencia, vinculada a la primera, es que en la idea directriz existe un elemento de plan de acción y de organización en vista de la acción, que supera singularmente a la noción de fin. Cuando se dice de la idea del Estado que es la del protectorado de la sociedad civil nacional, la idea del protectorado despierta la de una cierta organización y de un cierto programa de acción; si se hablara de la finalidad del Estado, se diría que es la protección de la sociedad civil nacional, lo que no despertaría sino la idea de un resultado; la diferencia entre el programa de acción y el resultado traduce bien la que existe entre la idea directriz y el fin.

Tampoco sería exacto asimilar la idea directriz con la idea de «finalidad a lograr», porque la primera expresa a la vez el fin y los medios que deben emplearse para alcanzarlos, mientras que la sola idea del fin no procura los medios.

No debe confundirse tampoco la idea de la obra a realizar por una institución con la función de esta institución. La idea del Estado sobrepasa singularmente la noción de las funciones del Estado. La función no es sino la parte ya realizada o, por lo menos, ya determinada, de la empresa; en la idea directriz de esta subsiste una parte indeterminada y virtual que alcanza hasta más allá de la función. La separación de los dos dominios es neta en el Estado; existe el dominio de la función, que es el de la administración y el de la marcha determinada de los servicios, y existe también el dominio de la idea directriz, que es el del gobierno político, el cual trabaja en lo indeterminado.

Ahora bien: es un hecho que el gobierno político apasiona a los ciudadanos mucho más que la marcha de la administración, de tal manera que lo que hay de indeterminado en la idea directriz ejerce sobre los espíritus una acción mayor que lo que está determinado bajo forma de función.

La idea directriz de las instituciones corporativas distintas del Estado, no podría tampoco asimilarse a la de una función determinada. Nuestro derecho positivo ha alimentado, durante mucho tiempo, la ilusión de creer posible esta reducción; el derecho administrativo ha tratado de encerrar en una especialidad oficial a los establecimientos religiosos y caritativos en lo que concierne a la aceptación de las liberalidades con cargos ; se negaba a una junta administrativa de la Iglesia la autorización para aceptar un legado con el fin de hacer limosna, a un hospital la autorización para aceptar uno, con cargo de abrir una escuela, etcétera.

El derecho comercial, por su parte, propugnaba una suerte de especialidad de las sociedades de comercio, determinada por sus estatutos y por la inmutabilidad de estos estatutos; así, cuando las compañías de los grandes ferrocarriles crearon hoteles Terminus en sus estaciones, se preguntó si no se habían salido de su especialidad.

Pero ideas más amplias han prevalecido, y los hoteles Términus han quedado abiertos; la modificación de los estatutos de las sociedades ha sido admitida anchamente; la especialidad de los establecimientos públicos ha sido considerada como pura regla de policía administrativa, discutible, por otra parte. Allí también, el carácter indeterminado de la idea directriz, ha prevalecido sobre la especialidad de la función determinada.

En cuanto a los ingleses, han descartado completamente la especialidad funcional para sus sociedades de comercio: toda sociedad tiene vocación para emprender cualquier clase de especulación comercial, porque su idea directriz es el lucro.

La idea directriz de la obra, que sobrepasa de este modo las nociones de fin y de función, podría indentificarse más justamente con la noción de objeto. La idea de la empresa es el objeto de la empresa, porque la empresa tiene por objeto realizar la idea. Esta es de tal modo el objeto de la empresa que es por ella y en ella que la empresa va a objetivarse y a adquirir una individualidad social. Es la idea de la empresa, en efecto, la que, propagándose en las memorias de un número indeterminado de individuos, hace vivir en lo subconsciente, con vida objetiva, el *Banco de Francia*, la *Ciudad de París*, el *Estado* mismo.

La idea se creará adherentes más próximos en el grupo de personas interesadas en la realización de la empresa, porque serán sus accionistas o sujetos; aun en ese grupo más inmediato de los interesados, ella estará, de ordinario, todavía en estado objetivo en la subconsciencia. Sin duda pasará, por intervalos, al estado subjetivo en manifestaciones de voluntad conscientes; pero esto se producirá, en apariencia al menos, de una manera discontinua, mientras que la presencia de la idea objetiva en lo subconsciente de la memoria será continua.

No hay duda de que la idea objetiva no será clasificada en todas las memorias con la misma interpretación. Es necesario distinguir cuidadosamente la idea, considerada en sí misma, de los conceptos subjetivos por medio de los cuales ella es percibida por los espíritus. Cada espíritu reobra sobre la idea y se hace un concepto de ella. Los temas eternos de la pasión en conflicto con el deber o la razón, no son tratados por Racine como lo habían sido por Sófocles o Eurípides; una tragedia de Racine no es representada ni comprendida en el siglo XX de la misma manera que en el siglo XVII. Lo mismo ocurre con el ideal de justicia, concebido sucesivamente de muy distintas maneras. Sin embargo, no podría afirmarse que no existe nada de persistente, de real y de objetivo en la idea de la justicia, como tampoco podría decirse tal cosa de la del deber o de la del amor.

A pesar de la glosa subjetiva con que la envuelven los conceptos de cada uno de sus adherentes, una idea de obra que se propaga en un medio social posee una existencia objetiva que es la que, por otra parte, le permite pasar de un espíritu al otro y refractarse distintamente en cada uno sin desvanecerse o disolverse por ello.

Es necesario preguntarse si esta naturaleza objetiva de la idea es originaria y profunda. Si la idea fuera la creación subjetiva del espíritu de un individuo determinado, apenas si se concebiría de qué manera podría alcanzar el carácter objetivo que le permitiera pasar a otro espíritu. Desde el momento que las ideas pasan de un espíritu al otro, deben tener, desde el principio, una naturaleza objetiva. En realidad, no existen creadores de ideas: solo existen los que las hallan. Un trovador, un poeta inspirado, encuentra una idea en la misma forma que un minero encuentra un diamante: las ideas objetivas existen de antemano en el vasto mundo, incorporadas a las cosas que nos rodean; en los momentos de inspiración, nosotros las hallamos y las libramos de su ganga.

Estas observaciones sobre la objetividad originaria y profunda de las ideas, sobre las que no insistiremos más, no deben hacernos olvidar el estudio del grupo humano que, en una institución corporativa, está interesado en el buen éxito de la idea directriz de una empresa. No existe institución corporativa sin un grupo de interesados: en el Estado, el grupo de los súbditos y de los ciudadanos; en los sindicatos, el grupo de los afiliados; en la sociedad anónima, el grupo de los accionistas. Este grupo puede ser determinado en parte por la constricción ejercida por un poder, pero el ascendiente de la idea de la obra y el interés que los miembros tienen en su realización desempeña un papel muy importante en cuanto explican lo que las adhesiones tienen de voluntaria. Se trata aquí de adherentes que corren un riesgo personal en la realización o no realización de la empresa.

Este grupo de interesados es, con los órganos del gobierno, el portador de la idea de la empresa. En este sentido, debe reconocerse que el grupo de los miembros del Estado es, al mismo tiempo, el de los sujetos de la idea del Estado, y esta observación da a la palabra «sujeto» una gran profundidad de significación; esto quiere decir que cada uno de los miembros lleva en sí la idea del Estado y es el sujeto de esta idea, porque tiene los riesgos y la responsabilidad de su éxito. El sujeto de un Estado es, en suma, como un accionista de la empresa del Estado. Y es esta situación del sujeto la que engendra a la larga su cualidad de ciudadano, porque estando expuesto a los riesgos de la empresa, es justo que adquiera, en cambio, un derecho de control y de participación en el gobierno de esta.

Por este análisis de los caracteres del grupo de los interesados, nosotros llegamos a coincidir con las ideas que había expuesto Michoud en su *Théorie de la personnalité morale* ya en 1906, aunque con la diferencia esencial de que el grupo de los interesados no es, para nosotros, el solo portador de la idea del Estado, o de la idea de la empresa corporativa, cualquiera sea ella, y que existen también los órganos del gobierno con su poder, lo que, por otra parte, explica que la idea del Estado tenga a su servicio un poder de gobierno autónomo que se impone a los propios ciudadanos, y del cual estos no hacen sino participar en él.

II.— El segundo elemento de toda institución corporativa es, en efecto, un *poder de gobierno organizado* para la realización de la idea de la empresa y que está a su servicio. Es lo que corrientemente se denomina organización de la institución, pero es esencial interpretar la organización en un poder organizado, porque siendo el poder mismo una forma de la voluntad, y no siendo ya considerados los órganos del poder sino como poderes de voluntad, ello espiritualiza el elemento humano de la organización.

Las bases de la organización del poder de gobierno son en sí mismas completamente espirituales, y se reducen a dos principios: el de la separación de los poderes y el del régimen representativo.

Toda separación de poderes es una separación de competencias, es decir, de cosas espirituales; en la separación del Estado moderno, el poder ejecutivo tiene la competencia de la decisión ejecutoria, el poder deliberativo la competencia de la deliberación, y el poder electoral la del asentimiento. No hay duda de que estas competencias son confiadas a órganos humanos, pero la mejor prueba de que los órganos están subordinados a las competencias estriba en la pluralidad de los órganos que deben concertarse entre ellos para ejercer el mismo poder: para el ejercicio del poder ejecutivo, el Presidente de la República y los ministros; para el ejercicio del poder deliberativo, las dos Cámaras, y para el del poder de sufragio, los electores de una circunscripción.

A esta separación de los poderes, que implica una separación aún mayor de los órganos, debe el poder no ser una simple fuerza, sino, por el contrario, ser un poder de derecho susceptible de crear derecho; la separación asegura la supremacía de las competencias sobre el poder de dominación hacia el cual, sin esta precaución, serían arrastrados los órganos.

El principio del régimen representativo responde a otra necesidad. Es necesario que el poder de gobierno de una institución corporativa obre en nombre del cuerpo y que sus decisiones puedan ser consideradas como las del cuerpo mismo; un cuerpo no es nada sin sus órganos y no quiere sino mediante ellos, pero es necesario que estos quieran para él y no para sí mismos. Este difícil problema se resuelve por el principio representativo que reposa enteramente sobre la idea de la obra a realizar. Esta idea directriz se supone común a los órganos del gobierno y a los miembros del grupo. Toda la técnica de la organización representativa consistirá en asegurar, en los hechos, la realidad de esta visión común, de una manera continua, si fuera posible, o, por lo menos, de una manera periódica.

La subordinación de la voluntad dirigente a la idea de la obra a realizar puede producirse espontáneamente en la conciencia excelsa de un príncipe absoluto, como en la conciencia suave de un ministro sometido a la elección popular; la elección no pertenece a la esencia del régimen representativo, pero es un elemento natural de su técnica, porque conforma una garantía de la identidad de miras entre los gobernantes y los miembros del cuerpo.

El poder de gobierno de una institución no observa siempre la actitud de docilidad y de conformismo que terminamos de bosquejar; la historia de los Estados y aun de algunas instituciones privadas enseña que muy a menudo los poderes dirigentes se sustraen a las preocupaciones del bien común para obedecer a móviles egoístas; pero, contemplándola desde lo alto, esta historia sirve para probar dos cosas: en primer lugar, que el poder de gobierno es una fuerza de acción espontánea y no solamente el llamado al cumplimiento de una función, ya que muy a menudo esta fuerza de acción se rebela contra su función; luego, la historia revela el poder del ascendiente que posee la idea de la obra a realizar, puesto que, lenta pero segura y progresivamente, aun en el Estado, las pasiones fogosas de los gobernantes han terminado por sujetarse a su servicio; no hay duda que los mecanismos constitucionales han cooperado para ello, pero estos mecanismos o no hubieran sido creados, o no hubieran servido para nada si no hubieran sido sostenidos por un espíritu público compenetrado de la idea del Estado.

La sumisión voluntaria a ciertas ideas directrices, de parte de los gobernantes, no podría ilustrarse mejor que con el ejemplo de la sumisión de los jefes militares al poder civil, en los Estados modernos. Esta subordinación de la fuerza armada, tan contraria a la naturaleza de las cosas, no se hubiera podido obtener jamás por simples mecanismos constitucionales. Es el resultado de una mentalidad creada por el ascendiente de una idea: la del régimen civil, vinculada a la de la paz, considerada a su vez como el estado normal. Ya en 1896, en un capítulo de nuestra *Science Sociale Traditionnelle*, señalamos este ascendiente adquirido por la idea directriz sobre el poder; lo denominamos el «fenómeno de la institución», e insistimos en el carácter de bonificación moral de las organizaciones fundadas sobre el poder, que presenta esta noción.

III.– Nos falta poner en orden un último elemento de la institución corporativa que es la «manifestación de comunión» de los miembros del grupo y también de los órganos de gobierno, sea en la idea de la obra a realizar, sea en la de los medios a emplear. Este fenómeno de comunión, al que hemos ya aludido, y gracias al cual la idea directriz de la obra pasa momentáneamente al estado subjetivo, debe ser estudiado en su realidad fenoménica.

Donde esto es más aprehensible es en los grandes movimientos populares que acompañan la fundación de nuevas instituciones políticas y sociales; la fundación de las comunas en la edad media fue acompañada de grandes crisis morales que sublevaban las poblaciones al grito de «¡comunión, comunión!»; la formación de los sindicatos, a fines del siglo XIX, provocó en la clase obrera el mismo movimiento de unión; no es dudoso que la formación de los Estados, en la época en que ello tomó los caracteres de un contagio, como por ejemplo, hacia el año 1000 antes de Jesucristo, provocó un movimiento análogo; nosotros tenemos un eco de eso en el libro de Samuel, en el pasaje en que los israelitas «pedían un rey».

Aunque con menos envergadura, los movimientos de comunión se manifiestan también en el momento de la fundación de las instituciones particulares: reproduciendo casi siempre un tipo conocido, la fundación es precedida de reuniones en las que, de manera más o menos calurosa, aquélla es aclamada en principio.

El funcionamiento de las instituciones entraña comuniones de la misma especie, sobre todo con el régimen de asambleas. Sin duda, todas las sesiones de asambleas no presentan escenas tan emocionantes como el «juramento del juego de pelota» o «la noche del 4 de agosto» ; tampoco es dado a todas ver cómo en ellas se realiza la «unión sagrada», pero, de una manera más fría, la formación de una mayoría en una votación exige siempre un estado de unión de las voluntades.

Estos movimientos de comunión no pueden analizarse completamente en las manifestaciones de una conciencia colectiva; son las conciencias individuales las que se conmueven al contacto con una idea común y las que, por un fenómeno de interpsicología, adquieren el sentimiento de su emoción común.

El centro de este movimiento reside en la idea que se refracta en conceptos similares en millares de conciencias, provocando en ellas la tendencia a la acción. La idea pasa momentáneamente al estado subjetivo en los millares de conciencias individuales que se unifican en ella; las conciencias individuales invocan su nombre y ella desciende en medio de ellas, que se la apropian en estado subjetivo. He aquí la realidad exacta.

Analizar el fenómeno de la aparición de una conciencia colectiva, como lo hace la escuela de Durkheim equivale a disminuir esta realidad, porque la conciencia colectiva estaría ligada a la formación de una opinión intermedia en el campo social, es decir, en el conjunto de los espíritus. Por el contrario, la refracción de una misma idea directriz en una pluralidad de conciencias individuales, reserva el papel dirigente de las más altas conciencias a las consecuencias que deben obtenerse por la acción. Entre los dos análisis, existe la diferencia que separa la explicación de los progresos de la civilización por acción de las «élites», y la explicación por la sola evolución del medio. La comunión en la idea es Ariel; la conciencia colectiva es Calibán.

La comunión en la idea entraña la armonía de las voluntades bajo la dirección de un jefe; no implica solamente el asentimiento intelectual, sino la voluntad de obrar y el comienzo de un acto que, debido al riesgo que se corre, compromete a todo el ser en la causa común; en una palabra, es la comunión de acción.

Estas coaliciones adquieren la importancia de una operación jurídica especial que estudiaremos en el párrafo siguiente, y que es la operación de fundación.

IV.— Las instituciones corporativas sufren el fenómeno de la incorporación, que las conduce al de la personificación. Estos dos fenómenos están, a su vez, bajo la dependencia de un movimiento de interiorización que hace pasar al marco de la idea directriz de la empresa, en primer lugar, a los órganos de gobierno con su poder de voluntad y, luego, a las manifestaciones de comunión de los miembros del grupo. Este *triple movimiento de interiorización, de incorporación y de personificación* es de capital importancia para la teoría de la personalidad. Si se comprueba su realidad, implicará la realidad de la personalidad moral, base de la personalidad jurídica, porque quedaría establecido que la tendencia a la personificación es natural. Esto quedará establecido tanto para las personas individuales como para las personas corporativas porque, actualmente, no es posible disimular que la personalidad moral individual es tan discutida como la corporativa.

Este estado del problema nos autorizará a usar un nuevo método comparativo, es decir, a confrontar la psicología corporativa y la psicología individual, extrayendo argumentos de lo que nos revela la introspección en la psicología individual para ayudar nuestro análisis de la psicología corporativa y, a la inversa, utilizar las constataciones de la psicología corporativa para aclarar los resultados de la introspección individual.

La justificación de este método comparativo reposa sobre el postulado de que la sociedad es obra psicológica y que en esta obra psicológica existen acción y reacción recíprocas del espíritu humano y ciertas ideas objetivas, bases de las instituciones; que la personalidad corporativa es una creación social hecha, en gran parte, a imagen de la personalidad humana, pero que, como ha sido hecha de una manera subconsciente, puede revelar resortes de la personalidad humana que la introspección consciente no revela ; que la personalidad corporativa, por otra parte, al presentar muy agrandados los detalles de su organización, los que aparecen como proyectados sobre una pantalla, hace más fácil su observación.

A.— En primer lugar, estableceremos con ayuda de nuestro método comparativo, la realidad del triple movimiento de la interiorización, de la incorporación y de la personificación, y, por consiguiente, la realidad de la personalidad moral desde el punto de vista de su formación natural. Luego abordaremos otro aspecto de la cuestión, a saber: hasta qué punto y de qué manera la institución incorporada y personificada asegura su propia duración y su propia continuidad, porque, sin duda, la incorporación y la personificación tratan de obtener estos resultados.

Pero se impone una observación previa: la psicología comparada de la personalidad corporativa y de la personalidad individual no puede establecerse si la personalidad humana no pudiera ser asimilada, en una cierta medida, a una institución corporativa. Esta condición previa, aunque parezca sorprendente a primera vista, responde a realidades bastante numerosas y bastante importantes, que solo deben ser admitidas después de reflexión.

Puede decirse que el ser humano consiste esencialmente en «una idea de obra a realizar, servida por un poder de gobierno, y que provoca manifestaciones de comunión en un grupo de seres elementales».

El hecho de que el ser humano, como, por otra parte, todo ser creado, sea esencialmente una idea de obra a realizar, está en correspondencia directa con el problema de la finalidad; y si este problema se halla actualmente en el plano religioso y moral más bien que en el plano filosófico o científico, ello no disminuye en nada la importancia que posee para el hombre. En el mismo orden de consideraciones, si es el alma humana lo que la idea de la obra a realizarse debe significar, esta traducción expresa bien el principio formador que existe en el alma, así como el carácter ético de este principio. Por fin, el alma humana aparecería como una realidad objetiva, que posee la misma existencia positiva que tiene la idea de la obra a realizar en una institución corporativa.

Ahora bien: que el alma humana, interpretada como una idea de obra a realizar, posee a su servicio un poder de voluntad que constituye para ella un órgano de gobierno para la realización de su destino, es lo que la psicología positiva y la psicofísica se avendrían mal a afirmar, ya que para ellas el cuerpo humano, con su aparato nervioso y cerebral, constituye un organismo psico-físico.

No hay duda en que la psicología positiva no se aviene todavía a colocar las manifestaciones psíquicas del cerebro bajo la dependencia de una idea directriz que sería un alma objetiva; ella se retarda en la concepción puramente verbal de una síntesis mental de estados de conciencia elementales; pero, por una parte, esta concepción de una síntesis mental que no estaría constituida alrededor de un eje permanente es impotente por completo para explicar la continuidad de la personalidad humana; por otra parte, este es el momento de invocar la analogía tomada de la personalidad corporativa en la que se reconoce una idea directriz objetiva y real.

Indudablemente, esto equivale a interpretar en un sentido vitalista la célebre «idea directriz» de Claude Bernard, lo cual repercute hasta en la biología, pues justamente, el vitalismo posee partidarios aun en biología; además, el hecho es este: proyectada sobre el plano social, en la realidad del fenómeno corporativo, la idea directriz aparece como objetiva, a tal punto que es ella la que actúa sobre los adherentes y es su mística la que arrastra las multitudes.

El más difícil de admitir será, sin duda, el tercer punto, a saber, que el ser humano, siendo una institución corporativa y conteniendo, en consecuencia, un grupo de invidualidades elementales, estará sujeto a que se produzcan en él dentro del marco de la idea directriz, manifestaciones de comunión correspondientes a lo que nosotros llamamos estados de conciencia.

Observemos, en primer lugar, el hecho de la agrupación de los psiquismos elementales en el ser humano; veremos luego si los estados de conciencia pueden analizarse en las crisis de comunión de esos psiquismos elementales en una idea directriz.

Si limitamos el alma humana, en tanto que es distinta del cuerpo, al elemento de la idea directriz; si convenimos en que el cuerpo es una organización psico-física y, por consiguiente, que las manifestaciones psíquicas fenoménicas surgen de él, nada impide admitir que el sistema de estas manifestaciones psíquicas posee la naturaleza de las agrupaciones. Esto está de acuerdo con el antecedente biológico de la asociación de las células nerviosas que, reparemos en ello, en el ser viviente son todas hijas de la misma madre; también está esto de acuerdo con el antecedente psico-físico de la pluralidad de los estados de conciencia y de su síntesis, excepción hecha del principio vitalista de la idea directriz.

Como la conducta de las agrupaciones no se desenvuelve sin desfallecimientos y sin manifestaciones contradictorias, la hipótesis concuerda igualmente con las constataciones de la introspección psicológica referentes a los conflictos de la conciencia, a las luchas interiores contra los instintos y las pasiones, a las deliberaciones internas en las que parecieran delinearse una mayoría y una minoría opositora, a los desvíos de la conciencia, a las conversiones, etc. La psicología había situado primeramente a estos movimientos contradictorios en un alma que, por otra parte, aparecía como despojada de toda complejidad; resultaría, ciertamente, mucho más natural situarlos en los órganos psico-físicos de esta misma alma.

Es indudable que el alma —idea directriz— no permanece extraña a tales luchas sino que, por el contrario, sufre sus contragolpes y, en medio de esos ruidos sordos, pasa al estado subjetivo y realiza su destino, pero no por ello carece de importancia saber que su ámbito de acción es psico-físico y bajo la dependencia del cuerpo a que está ligada.

Al consistir este cuerpo, esencialmente, en una agrupación de psiquismos elementales organizados en torno de una idea directriz, nos vemos impulsados a admitir que el hecho de conciencia consiste en una crisis de comunión entre todos los psiquismos elementales del cuerpo, en el curso de la cual la misma idea directriz pasa al estado subjetivo.

Esta hipótesis presenta, en realidad, un peligro, porque parecería ligar la existencia del yo a la de la comunión de los psiquismos elementales del cuerpo; pero el peligro no existe sino en apariencia, puesto que ese vínculo no es riguroso: en efecto, el sueño interrumpe los estados de conciencia sin interrumpir la continuidad del yo.

En otra parte, más adelante, nosotros volveremos a encontrarnos con el problema de la continuidad subjetiva (letra B).

De ese modo, pues, la personalidad individual puede ser considerada como personalidad corporativa, y nos será permitido seguir, en las dos a la vez, gracias a nuestro método comparativo, los progresos del fenómeno de la interiorización en sus dos estadios de la incorporación y de la personificación.

Tomaremos al Estado como tipo de la personalidad corporativa.

El Estado es incorporado cuando ha llegado a la etapa del gobierno representativo; se cumple entonces un primer trabajo de interiorización en el sentido de que los órganos de gobierno, con sus poderes de voluntad, actúan por el bien común dentro del marco de la idea directriz del Estado. En esta etapa, el Estado posee una individualidad objetiva y deviene para el derecho internacional una Potencia tanto más caracterizada cuanto más se identifica la nación con su gobierno, sin que ello signifique que la nación se encuentra en comunión activa con él, sino, solamente, que se deja conducir por el gobierno en forma pasiva. Un gobierno representativo de esta especie puede no comportar ninguna libertad política, es decir, ninguna participación de los ciudadanos en el gobierno mediante el procedimiento electoral u otro similar, ya que él puede ser aristocrático; será representativo con tal que se atenga a las directivas de la idea del Estado.

El Estado recién se personifica cuando llega al estadio de la libertad política con la participación de los ciudadanos en el gobierno; se cumple entonces un segundo trabajo de interiorización en el sentido que, dentro del marco de la idea directriz, se producen ahora manifestaciones de comunión entre los miembros del grupo, que se mezclan a las decisiones de los órganos del gobierno representativo (elecciones, deliberación de asambleas, referéndums, etc.). La personificación se produce porque las manifestaciones de comunión entre los miembros del grupo son crisis subjetivas, al cabo de las cuales la propia idea directriz del Estado pasa al estado subjetivo en las conciencias de los sujetos (cf. mi trabajo *Liberté politique et personnalité morale de l'Etat. Précis de droit constitutionnel,* 2.º apéndice, 1923). Conviene notar que la etapa de la personificación no destruye los resultados de la incorporación; la personalidad moral se superpone a la individualidad objetiva del cuerpo, pero esta no desaparece. Así, por ejemplo, el poder de gobierno en la etapa de la incorporación es minoritario, mientras que en la etapa de la personificación es mayoritario; el primero es fuertemente ejecutivo, mientras que el segundo es marcadamente deliberante, pero, en realidad, el poder mayoritario y deliberante que señala, a la vez, el advenimiento de la libertad política y de la personalidad moral se combinará con el poder minoritario y ejecutivo que permanece siendo la herencia de la individualidad corporativa.

Transportada a la psicología individual, la distinción de las dos etapas, de los dos estados y de las dos maneras de gobierno que terminamos de analizar, no lo será sin proyectar alguna luz sobre nuestra vida interior. Con toda evidencia, existe en nosotros un gobierno de *consciencia discursiva* y un gobierno de *consciencia intuitiva*: el gobierno discursivo nos dirige con todo el estruendo de la publicidad durante el estado de vigilia; el gobierno intuitivo nos dirige sin ruido durante nuestro sueño y, de una manera subterránea, durante el mismo estado de vigilia.

Nuestro gobierno discursivo es el de la persona moral; es deliberante y mayoritario y admite la libertad política interna, es decir, la participación de los psiquismos elementales en el gobierno. Todo esto, evidentemente, en un pensamiento de equilibrio y de control por otro poder de gobierno. ¿Cuál es, entonces, ese otro poder de gobierno que tiene necesidad de ser controlado?

En este lugar es donde la analogía corporativa va a resultar preciosa. Este poder intuitivo que debe ser controlado, no es de orden inferior, no es el del instinto; por el contrario, se trata de un poder superior y muy noble, de una competencia muy grande y de una razón muy alta: es el poder minoritario de los mejores elementos psíquicos del organismo, pero ese Consejo de los Diez debe ser controlado por la gran publicidad de la conciencia deliberante, porque la razón misma tiene necesidad de ser controlada, del mismo modo que el poder ejecutivo necesita ser frenado por el parlamento y, a veces, los parlamentarios necesitan ser frenados por los ujieres de la Cámara.

Este control de la razón de la élite por los psiquismos elementales de la masa, es lo que aporta el último toque a la responsabilidad moral, suprema característica de la personalidad.

B.— La realidad del desenvolvimiento histórico del Estado en su movimiento de incorporación y de personificación, junto con las analogías que esta evolución revela en la estructura de las personalidades individuales y de las corporativas, bastarán sin duda para persuadir respecto de que la personificación de las agrupaciones es un fenómeno natural y espontáneo; pero el problema de la realidad de las personas morales no es el objeto directo de nuestras preocupaciones. Este objeto directo es, en cambio, la explicación de la duración y de la continuidad realizadas en las instituciones por los fenómenos de incorporación y de agrupación; por lo mismo, consistirá en la explicación de la formación de las mismas instituciones porque, en suma, ¿cuál es el motivo por el cual una idea de obra, o de empresa, para mejor realizarse y perpetuarse, tiene necesidad de encarnarse en una institución corporativa más bien que de permanecer en estado libre en un medio social dado?

La solución de este problema fundamental no puede ser alcanzada sino distinguiendo las etapas de la incorporación y de la personificación, observando al mismo tiempo, en cada una de ellas, la forma en que es obtenida la continuidad de acción de la idea directriz.

1.º.— En la *etapa de la incorporación,* no puede tratarse más que de una continuidad puramente objetiva de la idea y de su acción, porque, por hipótesis, nosotros admitimos que todavía no se produce ninguna manifestación de comunión que comprenda a todos los miembros del grupo. De la historia de la formación consuetudinaria de los Estados, que tan altamente instructiva es a este respecto, y en la que asistimos al periodo de la incorporación prolongándose durante siglos antes de que aparezca una personalidad moral, surge que la continuidad que se establece en primer lugar es la de un poder minoritario y que ella es sumamente precaria.

En Francia, el poder de los primeros Capetos era vitalicio y los privilegios que el rey, durante su reinado, había consentido —es decir, las situaciones jurídicas que había creado en torno a su trono y que no requerían sino prolongarse— podían ser revocados por su sucesor y necesitaban, en todo caso, ser confirmados por él.

La práctica de la asociación al trono, observada durante siglos, significó un primer paliativo para esta situación desde el momento que el príncipe asociado en vida a su padre, estaba obligado a confirmar los privilegios concedidos, cuando menos, en provecho de los beneficiarios que habían aprobado su asociación. Cuando quedó establecido el principio de la herencia, asegurándose la transmisión regular del poder, la continuidad jurídica de las situaciones establecidas sobre ese poder no quedó, por ello, asegurada: las confirmaciones siguieron siendo necesarias cada vez que se produjo un cambio de reinado y no siempre fueron acordadas porque el príncipe heredero se consideraba a sí mismo como amo absoluto.

Fue entonces que los juristas imaginaron el principio de la legitimidad, es decir, establecieron la idea de que la devolución del poder a la muerte del rey no se operaba *jure successionnis,* sino en virtud de una ley fundamental del reino; de este modo, el príncipe que ascendía al trono recibía su poder de la ley junto con todas las cargas de que ese poder se hallaba regularmente gravado, no pudiendo conducirse respecto de las situaciones establecidas con la misma libertad con que hubiera podido hacerlo una especie de heredero propietario. Esta *lex regia* no es sino una forma tomada por la idea directriz del Estado, que se convierte así en apoyo exterior al poder, pero, inversamente, ese largo y perseverante trabajo de los legistas para obtener la continuidad del poder y de la acción del poder, revela bastante, en el interior de la institución del reino, la importancia de esta acción del poder organizado para la realización de la idea directriz del Estado y para la continuidad de esta realización. Solo el poder organizado puede crear situaciones jurídicas, y solo él puede mantenerlas; ahora bien: la realización social de una idea de obra o de empresa no puede obtenerse si no se crean y mantienen situaciones jurídicas en ella y en torno de ella. La incorporación de la idea directriz a una institución le asegura, entonces, gracias a la continuidad de acción del poder organizado que de ello se deriva, el establecimiento y mantenencia de un conjunto de situaciones jurídicas en medio de las cuales le resulta extraordinariamente ventajoso moverse.

2.º— La *etapa de la personificación* abre nuevas perspectivas en lo que se refiere a la continuidad de la acción de la idea directriz, porque esta idea pasa en estado subjetivo al interior de la institución. Debe preguntarse, en primer lugar, cómo se establece la continuidad de una acción subjetiva de la idea directriz, y, enseguida, cuáles son los resultados de esta actividad.

La continuidad de una acción subjetiva de la idea directriz en el interior de la institución corporativa no podría establecerse sino partiendo de los datos de las manifestaciones de comunión de los miembros del grupo, en las cuales reconocimos crisis en las que la idea directriz pasaba al estado subjetivo en las voluntades conscientes de los miembros; pero, inmediatamente, se levanta una objeción que parece dirimente, cual es la que las manifestaciones de comunión de los miembros de una agrupación corporativa son en realidad muy discontinuas.

Se trata de un rosario de manifestaciones esporádicas o, cuanto más, periódicas; de una sucesión de consultas electorales, de deliberaciones, de asambleas, de reuniones públicas. Estos momentos, muy breves, están separados por largos intervalos, y son como relámpagos raudos en medio de la noche.

Sin embargo, para que la idea directriz se convierta en el sujeto de la corporación persona moral, sería necesario poder considerarla como estando en estado subjetivo de una manera continua. El sujeto moral se nos aparece como continuo en la persona individual, a pesar de que la psicología positiva analice los estados de conciencia como elementos discontinuos, y a pesar también de las interrupciones de la conciencia ocasionadas por el sueño y los síncopes. Es menester hallar una explicación que permita pasar del fenómeno de la discontinuidad de los estados de conciencia a una continuidad del sujeto afirmada por nuestro sentido íntimo. Esta explicación no puede extraerse del hecho que la serie multiforme de los estados de conciencia estará ligada por la idea directriz en tanto que es objetiva, porque no se trataría entonces de una continuidad en lo subjetivo. Pero puede ser extraída de la acción del poder incluido en todos los actos de voluntad consciente donde la idea directriz ha pasado al estado subjetivo; retrocediendo en el pasado como se anticipa en lo porvenir, el poder coloca puentes entre cada uno de los estados de conciencia, a modo de esos fuelles que, colocados entre los coches de un tren, restablecen la trepidante continuidad de un rápido.

En todo acto de voluntad consciente, está incluido un poder. Por lo menos, ese poder existe en las manifestaciones de comunión de los miembros de una agrupación corporativa, sea que el poder ejecutivo intervenga en esas manifestaciones, sea que un poder deliberante mayoritario se desempeñe en ellas. La acción de ese poder puede actuar retroactivamente en el sentido de que es capaz de reglar las consecuencias actuales de situaciones creadas en el pasado; o actuar anticipando el porvenir, en el sentido que puede reglar situaciones que se crearán en el futuro. La ley, obra subjetiva de un poder deliberante mayoritario, se define como regla general en el sentido de que regula el porvenir a perpetuidad, hasta que sea abrogada o modificada.

Después de considerar esta elasticidad del poder que prolonga el efecto de una manifestación subjetiva de voluntad hasta que alcanza a la manifestación siguiente y que realiza, en virtud de ello, una continuidad subjetiva, se puede comprender que los alemanes hayan tratado de erigir el Poder de voluntad (*Willensmacht*) en sujeto de la persona moral. Sin embargo, su tesis es errónea porque el Poder de voluntad, a pesar de su elasticidad, no lograría asegurar la sutura de las manifestaciones de voluntad pues, ¿en qué dirección aseguraría la continuidad? Se trata aquí de la continuidad de una trayectoria, y solo la idea directriz puede, al determinarse a sí misma como subjetiva, con el fin de insertarse en los actos de voluntad, determinar, por su propio dinamismo, la curva de esta trayectoria. El verdadero sujeto de la persona moral sigue siendo, entonces, la idea directriz de la obra, cuyo pasaje al estado subjetivo en las conciencias de los miembros del grupo está asegurado, tanto por las manifestaciones de comunión como por las proyecciones de los tentáculos del poder que vinculan estas entre sí, poder del cual una parte existe en la voluntad de los órganos, pero del que una parte, también, se encuentra en la idea directriz misma.[1]

De este modo, en la etapa de la personificación, la institución corporativa superpone a la continuidad de la idea en estado objetivo, ya realizada en la etapa de la incorporación, la continuidad de la misma idea en estado subjetivo. ¿*Qué* beneficios obtiene la idea directriz de esta nueva forma de continuidad?

---

[1] Este análisis de la continuidad subjetiva de la personalidad corporativa me ha sido sugerido por un notable trabajo de JACQUES CHEVALIER, profesor de filosofía en la Universidad de Grenoble, sobre *lo continuo y lo discontinuo*, por cuyo envío le estoy muy agradecido, y que se halla reproducido en las memorias de la *Aristotelian Society, supplementary volume IV*.

Obtiene, nos parece, un triple beneficio: el de poder expresarse, el de poder obligarse, el de poder ser responsable.

a) La idea directriz de toda empresa tiende a expresarse subjetivamente; en primer lugar, en cualquier institución se expresa mediante las reglas de derecho disciplinario o estatutario que, por decirlo así, ella misma segrega. Sin duda, estas reglas de derecho se objetivan rápidamente, pero en el momento de su emisión son en verdad voluntades subjetivas del legislador que habla en nombre de la institución. Sin duda, también, y esto es más grave, las reglas de derecho de ningún modo tienen por objeto directo expresar el contenido positivo de la idea directriz de la institución. ¿Cuáles son las leyes del Estado que expresan de manera directa el contenido positivo de la idea del Estado? Como lo hemos notado, las reglas de derecho son esencialmente límites que no dibujan sino los contornos de las cosas, pero ocurre que, indirectamente, por el diseño de los contornos, el contenido positivo puede ser determinado, sin embargo, en cierta medida. Esta consecuencia se produce, sobre todo, en lo que concierne a las reglas estatutarias y constitucionales.

Pero las formas más altas, según las cuales la idea directriz de una institución tiende a expresarse subjetivamente en esta, no son propiamente jurídicas ; son morales o intelectuales y, si devienen jurídicas, es en calidad de principios superiores del derecho.

Es así, por ejemplo, que en la crisis revolucionaria de fines del siglo XVIII han surgido de América, y después de Francia, las *declaraciones de los derechos* que expresan el substrato de la idea del Estado moderno en lo que se refiere al orden individualista que el Estado tiene la misión de proteger en la sociedad, y que han permanecido como «los principios del derecho público de los franceses». De ese modo se definió progresivamente la esencia, en gran parte indeterminada, de la idea directriz del Estado.

Un ejemplo aún más significativo puede tomarse de la historia de la Iglesia. La idea cristiana, arrojada al mundo para renovarlo por la redención, contenía, aun después del mensaje de Cristo, una gran parte de indeterminación. Resultará muy instructivo examinar, en la obra de determinación progresiva del contenido de la idea y, sobre todo, en el mantenimiento de la continuidad de la idea a través de sucesivas determinaciones, la parte que proviene del hecho que la idea cristiana se haya incorporado a la institución de la Iglesia cristiana. Es la historia de la Iglesia y del dogma: la idea religiosa, en efecto, se determina y se expresa mediante símbolos, porque el fondo de toda idea religiosa es la fe. La continuidad corporativa de la Iglesia ¿en qué pudo facilitar la continuidad del desenvolvimiento del dogma en el verdadero sentido de la idea directriz?

La idea cristiana, una vez lanzada al mundo, ¿no podía marchar sola por él, libre y en estado de verdad objetiva? La desgracia es que las ideas objetivas no sean percibidas por los hombres sino a través de conceptos subjetivos, por lo que la Revelación, abandonada a sí misma, hubiera corrido el peligro de zozobrar en el océano de las interpretaciones subjetivas y de las herejías. La institución de la Iglesia, y las manifestaciones de comunión que se producen de mil maneras en el seno de la institución, siendo reguladas por el gobierno de esta, han permitido la determinación de una interpretación subjetiva común y oficial de la verdad revelada. Esta interpretación subjetiva oficial es la que constituye el dogma y el símbolo; no agota el contenido de la idea objetiva porque subsisten los misterios, pero encierra la mayor garantía de una exacta aproximación a ese contenido al mismo tiempo que de la continuidad de su acción.

Esto equivale a decir que una acción gubernamental equilibrada por una comunión de fieles es una garantía de continuidad en la interpretación subjetiva de la idea directriz; muy superior a la que sería la de la libre interpretación individual.

b) En segundo lugar, la continuidad subjetiva de la idea permite a la institución a obligarse. Estaría fuera de propósito entrar aquí a desarrollar jurídicamente las consecuencias de la capacidad de obligarse. Limitaremos nuestro estudio a comprobar que la personalidad subjetiva del Estado se ha afirmado con ocasión de la deuda pública y que la continuidad de esta deuda ha podido extenderse hasta la perpetuidad, permitiendo establecer, entre las generaciones sucesivas, una impresionante solidaridad.

Comprobemos también que a esta capacidad de obligarse ha correspondido, para el Estado, la facultad de utilizar los recursos enormes del crédito. Los mismos beneficios de la capacidad de obligarse se hacen sentir para todas las instituciones corporativas personificadas.

c) Por fin, la continuidad subjetiva de la idea y de la personalidad moral hacen entrar la institución corporativa en el dominio de la responsabilidad subjetiva, que es la contrapartida de la libertad. También aquí podrían suministrarse desarrollos jurídicos, principalmente en lo que se refiere a la aplicación al Estado y a las instituciones corporativas de los principios de la responsabilidad por falta. A pesar del interés de estos desarrollos, nos limitaremos a señalar la cuestión, es decir, a comprobar que esta aplicación existe.

En suma, la continuidad subjetiva de la personalidad moral completa y enriquece singularmente los efectos de la continuidad objetiva del cuerpo constituido; la personificación perfecciona a la incorporación y una y otra aseguran de manera poderosa la realización de la idea objetiva en el medio social.

## II

Después de la anatomía de las instituciones corporativas, abordemos su fisiología; veámoslas vivir, observemos su nacimiento, su existencia y su muerte, y pongamos en evidencia su realidad jurídica en todos estos momentos.

I.— El nacimiento de las instituciones corporativas se produce en una operación de fundación.

Ahora bien: es dado distinguir las fundaciones por operación formal y las fundaciones por operación consuetudinaria, pero como los elementos de las operaciones formales son más notorias, convendrá más asirse de ellos. Existen dos modalidades de fundación: la que se produce por la voluntad aislada de un solo individuo, y la que implica la voluntad común de muchos individuos; la primera engendra instituciones de la categoría de los *establecimientos* (hospitales, asilos, etc.) en las que no existe en absoluto un grupo permanente de miembros que puedan perpetuar la fundación, y en las que este elemento es reemplazado por el de un patrimonio afectado; la segunda engendra, por lo común, instituciones de la categoría de las *corporaciones* o *universitates,* en las que subsiste un grupo permanente de miembros que perpetúan la fundación.

Nosotros no nos ocuparemos sino de las fundaciones por voluntad común, que engendran instituciones corporativas.

El campo de acción de las operaciones de fundación es mucho más amplio de lo que generalmente se cree, porque existen muchas fundaciones disimuladas por otras operaciones a las cuales se hallan mezcladas. Ocurre así que, toda vez que de un contrato, de un pacto, de un tratado, surja la creación de un cuerpo constituido cualquiera, es conveniente admitir que una operación de fundación se ha mezclado a la operación contractual. Si la sociedad de comercio por acciones determina el nacimiento de un cuerpo constituido, es porque sus estatutos, a pesar de su apariencia contractual, contienen una fundación, porque el contrato en sí mismo no podría engendrar más que obligaciones entre los asociados, como ocurre en la sociedad civil. En el proyecto de ley que Waldeck-Rousseau presenta sobre las asociaciones, estas debían ser puras sociedades contractuales sin ningún carácter corporativo, pero este proyecto, al convertirse en la ley del 1.º de julio de 1901, fue transformado, permitiéndose que en el contrato se deslizara una operación de fundación. En materia internacional, existen Estados que han sido creados por medio de tratados, a pesar de que estos sean contratos, precisamente por la misma razón, vale decir, porque se desliza dentro del contrato una operación fundativa por parte de los Estados fundadores. Ejemplo: los Estados creados por los Tratados de paz de 1919 y 1920, por la voluntad fundadora de las grandes potencias aliadas.

La operación de fundación por voluntad común se compone de los siguientes elementos: 1.º la manifestación de voluntad común con intención de fundar; 2.º la redacción de los estatutos; 3.º la organización de hecho de la institución corporativa; 4.º el reconocimiento de su personalidad jurídica.

La manifestación de voluntad común con intención de fundar constituye, por supuesto, el elemento más importante ya que es el factor consensual y, en consecuencia, el fundamento jurídico, no solo de la operación de fundación sino de la existencia misma del cuerpo constituido, pues este se explica mediante la fundación continuada. Como no pretendemos aportar aquí explicaciones jurídicas completas, no trataremos sino este elemento.

La manifestación de voluntad común, con intención de fundar, supone declaraciones de voluntad múltiples que emanen de cada uno de los miembros del grupo fundador; ellas pueden ser emitidas simultáneamente, como así también pueden serlo separadamente, por intervalos ; pero, en todos los casos, contienen una voluntad común que es la de fundar una cierta obra o empresa cuya idea directriz es conocida de todos los fundadores. Estas manifestaciones de voluntad, realizadas así en comunión, constituyen un haz consensual que produce el efecto jurídico deseado, es decir, que jurídicamente opera la fundación. Deben explicarse dos cosas : el efecto jurídico de fundación y la formación del haz consensual.

El efecto jurídico de fundación requiere una explicación tanto en la fundación por voluntad aislada como en aquella por voluntad común; ¿cómo pueden las voluntades aisladas engendrar un cuerpo social? Existe aquí una desproporción entre la causa y el efecto que sorprende: la duración de la institución sobrepasará en mucho la longevidad de los fundadores y de sus voluntades. Pero es necesario reflexionar en que la organización en un cuerpo social y la duración de la institución no son imputables jurídicamente a la voluntad de los fundadores primitivos sino también a la virtud propia de la idea directriz de la institución fundada : ella no cesará de atraer a sí nuevos adhérentes que serán nuevos fundadores porque continuarán la fundación a medida que esta se objetivase en el medio social. Los fundadores primitivos parecen haber realizado más de lo que podían, porque lograron establecer en el medio social una idea viva que, una vez plantada, se desarrolló por sí misma. En realidad, no han hecho otra cosa que la que todos los días realizan los propietarios plantadores de viñas o de árboles, que los sobrevivirán seguramente y cuyo valor, gracias a la colaboración de la tierra, se volverá desproporcionado a su esfuerzo.

La justificación de la libertad individual de fundación es del mismo orden que la del derecho de propiedad: se tiene el derecho de utilizar la colaboración espontánea del medio social, como el de utilizar la colaboración de la tierra. Por razones políticas, el Estado se muestra muy a menudo hostil a la libertad de fundación porque teme la competencia de los cuerpos espontáneos; nosotros no tenemos lugar para entrar a este orden de consideraciones.

La formación del haz de los consentimientos en la fundación por voluntad común, y que asegura la unidad consensual de la operación, demandará en cambio más largas consideraciones. Tres factores concurren a la formación de ese haz : 1.º, la unidad en el objeto de los consentimientos ; 2.º, la acción de un poder; 3.º, el vínculo de un procedimiento.

La unidad en el objeto de los consentimientos se realiza mediante la idea de la obra, porque ella es la que constituye el objeto y la que es única; ya hemos insistido bastante sobre la fuerza de atracción de este objeto. No debe creerse por ello, sin embargo, que esta atracción sea suficiente y que de ese modo las manifestaciones de voluntad, con intención de fundar, sean enteramente voluntarias. Este es el error en que caen los autores alemanes cuando analizan la *Vereinbarung* que no consiste en otra cosa que en eso que llamaremos de buen grado la *comunión íundativa,* en un haz de consentimientos paralelos determinados por la sola identidad de objeto.

Se trata siempre del error del contrato social, y en este sentido, el contrato social de Rousseau era ya una *Vereinbarung,* porque, de ningún modo, los contratantes intercambiaban consentimientos diferentes, sino que emitían consentimientos paralelos y que poseían el mismo objeto.

La verdad es que la formación del haz de los consentimientos paralelos es en parte la obra de un poder, y que el *liber volui* está en él fuertemente matizado de *coactus volui.*

En la fundación del Estado, que se repite ante nuestros ojos a cada revisión de la Constitución, la acción del poder político es evidente: en primer lugar, existen, en cantidad cada vez mayor, órganos gubernamentales que proceden a la revisión y que además obedecen en esto a una mayoría política.

En la fundación de corporaciones particulares, asociaciones, sindicatos, sociedades anónimas, intervienen las deliberaciones de la asamblea general de los miembros, deliberaciones que son decididas por una mayoría determinada y no por unanimidad. Sin duda, los disidentes pueden retirarse de la empresa, pero mil consideraciones los detienen de hecho, y estas consideraciones significan que pesa sobre ellos una constricción moral.

Por otra parte, es un hecho que cuando se funda una institución particular, la iniciativa es tomada por uno o varios promotores que se preocupan de poner en juego toda clase de influencias, por lo que es que muchas personas, por una u otra razón, no puedan rehusar su adhesión. La intervención del elemento poder produce aquí un doble efecto.

En primer lugar, unifica los consentimientos: aun cuando el poder se manifiesta por un voto mayoritario de asamblea, es dado ver que la minoría opositora acepta, forzada y constreñida, la decisión de la mayoría, por el solo hecho de que sus miembros no se retiran de la institución; además, las decisiones tomadas presentan la característica de valer jurídicamente por sí mismas, lo cual constituye la impronta de los actos del poder. De todo ello debe deducirse como conclusión que la «comunión fundativa» es una operación del poder tanto como una operación consensual, y que los fundadores ejercen un poder. Por otra parte, la fundación por voluntad aislada es, claramente, la operación de un poder individual análogo al del testador; además, la libertad de fundación es un poder privado, lo que explica un poco las hesitaciones con que el Estado admite su existencia.

A la unidad de objeto y a la acción de un poder, se agrega el vínculo de un procedimiento. Este es el elemento formal exterior necesario para que la operación fundativa, a pesar de su complejidad y de la sucesión de sus momentos, obtenga la unidad de un acto jurídico. Los elementos internos de la unidad de objeto y de la acción del poder no bastarían para ello. Desde el momento que las adhesiones pueden ser sucesivas, que pueden escalonarse formalidades variadas como, por ejemplo, la entrega de la cuarta parte del capital suscripto, la verificación de los aportes en las sociedades anónimas o las repetidas reuniones de asambleas, es necesario que estos múltiples acontecimientos estén vinculados por un procedimiento.

Para el período fundativo de las sociedades anónimas, este procedimiento está previsto por la ley. En un folleto de 1906, titulado «*L'institution et le droit statutaire*», muy imperfecto, por otra parte, yo insistí sobre el carácter de «operación sometida a un procedimiento», que presenta la fundación de las instituciones. No insistiré más aquí sobre este aspecto de la cuestión.

En este momento, nuevas precisiones solicitan nuestra atención. La fundación es una operación subjetiva; las instituciones corporativas nacen en una crisis de comunión de las voluntades fundadoras y en el curso de la cual la idea de la obra pasa al estado subjetivo en las conciencias de los adherentes. A las explicaciones que hemos suministrado sobre este punto, vamos a añadir otra: de esta crisis subjetiva puede deducirse que la personalidad moral de la institución nace al mismo tiempo que su organización corporativa, pero sería excesivo afirmar que ella precede y explica a esta. Es el error que cometen los partidarios del sistema ultra-subjetivista cuando explican la Constitución del Estado por la voluntad de la persona moral, y es también el de los comercialistas que explican todo el procedimiento de fundación de las sociedades anónimas por la voluntad de la persona moral de la sociedad naciente.

Estos errores esconden una verdad, a saber, que la idea de la obra o de la empresa existe desde el comienzo, y que es realmente la levadura que levanta la masa, pero, en estos comienzos, no puede todavía ser erigida en persona moral porque no posee órganos. En otros términos: existe una petición de principios cuando se cree que los órganos de una persona moral son creados por la voluntad de esta, siendo que hasta que una persona moral no tenga órganos, no posee voluntad.

La verdad es que la organización de la persona moral es creada desde afuera por los fundadores; la crisis de la fundación es subjetiva solamente *a parte condentium;* solo cuando la persona moral sea creada y cuando se trate de su gobierno, las crisis de comunión a las que dará lugar este gobierno serán subjetivas *a parte personae conditae.*

Si ocurriera de otra manera, no existiría ninguna diferencia entre el poder constituyente y el poder gubernamental.

II.— En todos los casos, el nacimiento de las instituciones corporativas resulta de una operación jurídica; su vida cotidiana ¿dará lugar a operaciones del mismo orden?

La respuesta no puede ofrecer ninguna duda, ya que todos los actos por los que una institución corporativa asegura su vida —deliberaciones de asambleas, decisiones del consejo de administración, decisiones del director—, presentan un carácter jurídico. En las instituciones privadas, este carácter jurídico es tomado de los estatutos o del contrato de asociación, y la acción de nulidad de esos actos, si tiene lugar es estatutaria o contractual. En las instituciones públicas y, principalmente, en el Estado, el carácter jurídico de las decisiones que aseguran la marcha del gobierno y de la administración, es deducido del poder; esas decisiones valen por el poder que las ha tomado y en Francia, su nulidad es perseguida por una acción perfectamente adecuada, que es el recurso por exceso de poder. El análisis del derecho público resulta aquí más exacto que el del derecho privado pero, en todas partes, aun en las corporaciones de derecho privado, las decisiones son debidas a un poder: merecerían ser aisladas como manifestaciones de un poder de decisión, y ser sometidas a la posibilidad de una especie de recurso por exceso de poder.

III.— Aunque todas las instituciones corporativas sean creadas para durar largo tiempo, son perecederas como todas las existencias; algunas veces su muerte es determinada por razones internas de mala organización o de deterioro de la idea, y a menudo, lo es también por accidentes exteriores, desafección u hostilidad del medio social. Esta muerte se presenta, en principio, bajo forma de acto jurídico:

O bien las instituciones son suprimidas por un poder exterior, como la división del Estado Polaco en el siglo XVIII, en virtud de alianzas entre Prusia, Austria y Rusia, o como la supresión, por leyes revolucionarias, de los gremios y asociaciones de la Francia del antiguo régimen, o la supresión y liquidación de las congregaciones religiosas no autorizadas en virtud de la ley del 1.º de julio de 1901.;

O bien las instituciones se disuelven por sí mismas, por una deliberación de la asamblea general de los miembros.

Estas supresiones o disoluciones acarrean consecuencias jurídicas en lo que concierne a la liquidación de los bienes. La idea corporativa ha realizado grandes progresos en este campo, desde hace un siglo más o menos; a principios del siglo XIX no se vacilaba en decidir que los bienes de una institución corporativa suprimida pertenecían al Estado en virtud de los artículos 539 y 713 del Código Civil referentes a la atribución de los bienes sin dueño; actualmente, se admite que los estatutos de la institución puedan regular por sí mismos la suerte de los bienes en caso de disolución o de supresión, o que puedan confiar a una asamblea general de los miembros el cuidado de resolver esta destinación. De este modo se permite a la institución realizar una especie de testamento jurídico.

Estas breves indicaciones bastarán a nuestro designio, que es simplemente el de evidenciar el carácter profundamente jurídico del nacimiento, de la vida y de la muerte de las instituciones, y no el de acumular detalles completos sobre cada uno de los actos del drama.

## III

Podemos extraer numerosas conclusiones de las explicaciones bastante complejas que anteceden.

Nos limitaremos a tres, de las que una se referirá al fundamento de la continuidad en la sociedad, en el Estado y en el derecho; la segunda se referirá a la realidad de la personalidad moral y de la personalidad jurídica, y la tercera se referirá al papel secundario de la regla de derecho.

I.— Por el lado de las instituciones corporativas, de las que forma parte el Estado, y por el de la operación de fundación de estas instituciones, debe buscarse el fundamento de la continuidad en las cosas sociales. Las instituciones corporativas, en tanto que viven y que aseguran en ellas y en torno de ellas la continuidad de la idea directriz y de su acción, tanto de una manera objetiva como de una manera subjetiva, sostienen y mantienen a su alrededor, y en virtud de su poder, todas las situaciones jurídicas que deben perdurar. Como ellas mismas deben la existencia a una operación de fundación que se repite y se continúa, puede afirmarse que la duración y la continuidad se deben a una amalgama de los tres elementos de la operación de fundación: la idea directriz, el poder, y las manifestaciones de comunión consensual, elementos que se encuentran en la institución misma. Podrían establecerse las ecuaciones siguientes: 1.°, continuidad es igual a institución y fundación; 2.°, institución y fundación son iguales a idea directriz, poder y comunión consensual.

II.— De paso, comprobamos la realidad de las personas morales al observar el carácter natural de los fenómenos de incorporación y de personificación de las instituciones; el alcance de esta primera observación ha sido reforzado por esta segunda, a saber que, si la incorporación realizaba, gracias a la idea directriz de la institución, una continuidad objetiva, la personificación realizaba a su vez la continuidad subjetiva de esa misma idea, cuyos efectos venían a sumarse a los anteriores.

Parece imposible llevar más lejos la demostración de la realidad de la personalidad moral, y, en cuanto a la de la personalidad jurídica, se deriva de ella porque no es sino un retoque y una estilización de la personalidad moral reposando, en consecuencia, sobre el mismo fondo de realidad.

III.— Por último, me parece que el papel secundario que corresponde a la regla de derecho dentro del conjunto del sistema jurídico, surge de estas explicaciones.

El hecho significativo que hemos señalado más arriba, a saber que las reglas de derecho, en tanto que ideas directrices, no poseen vida suficiente para organizar en torno de sí una corporación que les sea propia y en las que ellas logren expresarse, prueba suficientemente que son inferiores a las ideas directrices que lograron poseer vida bastante como para incorporarse.

Esta comparación sorprendente conduce nuestra atención hacia esa verdad, tan vieja como el mundo, que los elementos importantes, dentro del sistema jurídico, son los actores jurídicos —los individuos por una parte, y las instituciones corporativas por otra— porque ellos son los personajes vivientes y creadores, tanto por las ideas de empresas que representan, cuanto por su poder de realización. En lo que respecta a las reglas de derecho, no representan sino ideas de límite en lugar de encarnar ideas de empresa y de creación.

Dentro de un mundo que desea vivir y obrar, mediante la conciliación de una acción con la continuidad y la duración, las instituciones corporativas, al igual que los individuos, están en el primer plano, porque representan a la vez la acción y la continuidad; las reglas de derecho se encuentran en el segundo, porque si bien representan la continuidad, no representan, por el contrario, ninguna acción.

El error de León Duguit, cuando edificó su sistema de derecho objetivo, consistió en cimentarlo sobre el derecho objetivo o, lo que es lo mismo, sobre la regla de derecho. El verdadero elemento objetivo del sistema jurídico es la institución; es verdad que ella contiene un germen subjetivo que se desarrolla por el fenómeno de la personificación, pero el elemento objetivo subsiste en el *corpus* de la institución y este solo *corpus,* con su idea directriz y su poder organizado, es muy superior en virtud jurídica a la regla de derecho, porque son las instituciones las que determinan las reglas de derecho, y no las reglas de derecho las que crean las instituciones.

* * *

Reduzcamos a sus justas proporciones el alcance de este estudio. Se intitula: «Ensayo de vitalismo social» y en ello se encierra toda su pretensión. Las ideas directrices, de una objetividad sorprendente porque pasan de un espíritu al otro sin perder su identidad, y que por su *atracción* intrínseca se constituyen en el principio vital de las instituciones sociales, son quienes comunican a estas una vida propia separable de la de los individuos, en la medida que las ideas pueden ser separadas de nuestros espíritus y obrar sobre ellos.

No iremos más allá de la comprobación de este fenómeno; nos prohibimos investigar si, a la objetividad fenoménica de las ideas corresponde una realidad espiritual sustancial. Sería, evidentemente, muy importante saberlo, pues ciertas ideas podrían poseer más realidad que otras y estar, por ello, más cerca de la verdad. Esta investigación de lo real substancial corresponde a los filósofos. A partir de Georges Dumesnil, cuya tesis sobre el «*Rôle des concepts*» data de más de treinta años, muchos se dedicaron a investigar el problema del realismo de las ideas, fundándose en nuevos datos. Esperamos de ellos la construcción metafísica de esta física que es el vitalismo de las instituciones sociales.[2]

[2] Véase Jacques Chevalier, *L'idéalisme français au* XVIII$^{e}$. *siècle,* Annales de l'Université de Grenoble, 1923.

LA TEORÍA DE LA INSTITUCIÓN Y DE LA FUNDACIÓN.
ENSAYO DE VITALISMO SOCIAL,
de MAURICE HAURIOU, se imprimió
en la República Argentina en octubre de 2020.

Made in the USA
Monee, IL
21 October 2026

66393204R00046